LE MONDE NOUV[EAU]

PAR

M. REY-DUSSUEIL.

AUTEUR DE LA FIN DU MONDE.

Paris,

EUGÈNE RENDUEL,
LIBRAIRE-ÉDITEUR,
RUE DES GRANDS-AUGUSTINS, N° 22.

1831.

LE
MONDE NOUVEAU.

PARIS, IMPRIMERIE DE COSSON,
Rue Saint-Germain-des-Prés, n. 9.

LE MONDE NOUVEAU,

HISTOIRE FAISANT SUITE

A

LA FIN DU MONDE,

PAR

M. REY-DUSSUEIL.

Paris,

EUGÈNE RENDUEL,

LIBRAIRE-ÉDITEUR,

RUE DES GRANDS-AUGUSTINS, N° 22.

1831.

PRÉFACE.

Avant d'entrer en matière, ce serait peut-être chose convenable que l'auteur remerciât le public de l'accueil qu'il a bien voulu faire au pamphlet de *La fin du monde*; mais, en

ceci, il a cru plutôt accomplir une action de citoyen qu'une œuvre d'art, et le succès qu'il
a obtenu lui a surtout été sensible en ce sens
qu'il a acquis la conviction que ses opinions
trouvaient de la sympathie dans les masses.

C'est qu'en effet il est grand temps de laisser là toutes les mesquineries de l'amour-
propre. A une œuvre littéraire il faut un but
aujourd'hui ; et malheureux l'écrivain qui at-
tribuerait les succès obtenus par le but, au
mérite des moyens !

Quand les plus simples notions du juste et
du vrai sont livrées à la confusion, quand une

poignée d'avocats, habitués à examiner les questions sous le double aspect du pour et du contre, et contraints de bannir toute conviction de leur âme pour être habiles à leur métier, s'efforcent de faire descendre la France à leur taille, et plaident la révolution de juillet avec les misérables arguties du code de procédure, tout citoyen honnête qui a du cœur et une voix d'homme doit réclamer hautement les conséquences du principe de juillet ; tout artiste doit jeter sa palette et faire servir son talent au triomphe de la plus juste des causes.

Dans cette œuvre rapide, la pensée, quoi-

que obscure en apparence, sera claire et nette
si l'on veut aller au fond des choses. En mon-
trant une république établie sur le principe
illimité de l'élection, et bientôt renversée par
les vices humains, on n'a pas prétendu que la
forme la plus naturelle de gouvernement fût
impossible; on a voulu seulement prouver
que la liberté est inhérente à l'homme, qu'elle
fait partie de son essence, et qu'elle ne périt
jamais que par des causes extérieures. Ces
causes seront, en Grèce, Philippe de Macédoine et son fils trop vanté; à Rome, la manie
des conquêtes, l'amour de la gloire substitué
à l'amour de la liberté par le contact des répu-
blicains avec les nations barbares; dans les ré-

publiques italiennes du moyen-âge, les intrigues des papes et des empereurs; dans le monde nouveau , on les fera provenir des doctrinaires échappés au naufrage de l'espèce humaine.

Ce n'est pas que l'on ait grande confiance en l'absolu. Les rêves de l'âge d'or, pour un esprit bien fait , doivent être relégués dans le dictionnaire de M. Chompré; mais l'impossibilité d'arriver au but fût-elle évidente, on doit tendre de toutes ses forces à s'en rapprocher.

Si l'auteur avait voulu développer toutes

les idées politiques, qu'il a remuées en passant ; il lui aurait fallu écrire des volumes ;
mais il n'est pas de ceux qui, dans leur hau-
taine vanité, se défient de l'intelligence des
lecteurs ; il n'a présenté que des sommités d'i-
dées ; quand une pensée a été indiquée, il a
cru devoir s'abstenir de tout développement.
C'est aussi pourquoi il a laissé fuir toutes les
scènes qui n'allaient pas directement à son but,
et il s'est gardé de faire une œuvre d'imagination, quand il voulait n'écrire qu'un pamphlet politique.

Il abandonne à la critique, jusqu'ici si in-
dulgente pour lui, la partie romanesque

du livre; il prie seulement qu'on ne juge pas de la partie sérieuse avec la rapidité qu'on met à la lecture d'un roman.

LE PRÉAMBULE.

LE
MONDE NOUVEAU.

CHAPITRE PREMIER.

COUP D'ŒIL EN ARRIÈRE.

*

« Voilà donc le tombeau où dorment toutes les querelles humaines ! Voilà donc encore une fois tranché, sans être résolu, le problème de la perfectibilité ! L'Océan a passé son niveau sur cinq mille ans de travaux et de recherches, et maintenant l'œuvre est à recommencer, et il ne restera de l'édifice humain que les souvenirs confus que j'en pourrai transmettre au monde à venir !...

» Mais cet édifice vaut-il un regret ? Entre le paradis d'Adam et le paradis doctrinaire que nous rêvait M. Royer-Collard, lorsque la comète vint mettre fin à ses correspondances, aurait-on pu placer une existence d'homme assez heureuse pour légitimer tel ou tel ordre de choses ?... C'est à peine si dans ses cinq mille ans de durée, le monde a vu cinquante révolutions. Toutes ont été bonnes dans leur principe, mais toutes ont été absurdes dans leurs conséquences. Depuis la création, les individus comme les peuples semblent avoir été victimes d'un espoir déçu.

» Triste, misérable condition de l'humanité !... Il s'est rencontré quelquefois des âmes assez fortement trempées pour avoir foi en leurs idées, et en poursuivre l'application avec l'ardeur d'un rêve qui va à ses fins, sans se soucier du monde extérieur; mais la masse est venue, la masse, avec ses préjugés, ses idées reçues et non acquises, la masse, qui n'opère jamais sur les faits avec sa propre opinion, et la masse a eu raison du rêveur. Ce n'est pas seulement à Athènes que le peuple a empoisonné Socrate; voilà tantôt trois mille ans qu'il ne fait pas d'autre métier que de prêter l'oreille à Anitus, car toute idée juste, c'est Socrate, et Socrate est dévoué à la ciguë.

» Si une pensée humaine pouvait encore deviner la mienne, je prévois par quelle objection on me voudrait embarrasser. Après Socrate, Platon, dirait-on; après Platon, le Christ, applicateur de la doctrine. Qu'importe le temps? Sur cette terre, toute idée a porté ses fruits. — Mais de Platon au Christ, combien de siècles? et, après tant d'existences d'hommes consumées dans la lutte, qu'est devenue l'idée? C'était bien la peine de nourrir durant mille ans un germe pour le voir

périr sous la main d'une trentaine de cardi-
naux!

» — Mais, la Réforme?

» — Eh! mon Dieu! quand la comète est
venue, la Réforme aurait eu, elle-même, besoin d'être réformée. Et d'ailleurs, je vous
prie, le christianisme était-il un progrès assez
grand, assez radical, pour qu'on y fît une
halte de dix-huit siècles?

» Pour quiconque observait d'un œil attentif le mouvement des choses, la société luttait
depuis le déluge pour revenir à son point de
départ. Au fond de toutes les idées, il y a des
intérêts; l'idée est un drapeau qui ne peut rien
s'il n'a pas une armée sous lui. Or, que vou-
lait-on? Que les intérêts de tous ne fussent pas
sacrifiés aux intérêts de quelques-uns, appa-
remment. On a passé par mille systèmes pour
y arriver, et, en dernière analyse, on était
moins avancé en l'an de grâce 1831, que dans
telle ou telle année du déluge. Le nouveau
n'est que ce qu'on a oublié.

» Il est vrai que les querelles ne se sont pas

toujours vidées en famille. Quand une société était avancée, la voisine venait l'infecter de barbarie, comme l'air froid se précipite vers le foyer pour glacer de son contact l'air attiédi. Philippe de Macédoine et les doctrinaires d'Athènes ont presque autant retardé l'émancipation politique de l'homme que l'auraient fait Nicolas de Russie et les doctrinaires de Paris, si la fin du monde n'y avait mis bon ordre. L'Europe au dix-neuvième siècle, c'était la Grèce au temps de Philippe.

» La fin du monde !.... Oui, voilà bien cette vaste scène de désolation dont la mémoire humaine avait gardé un si terrible souvenir. Et pourtant, faible atôme que je suis, je me sens encore plus grand qu'elle, car il m'est donné de l'embrasser par la pensée et de concevoir quelque chose au delà.

» C'est donc à moi qu'est confié le soin de perpétuer l'espèce ! Organisation physique, organisation morale, tout va dépendre de moi ; dans ma pensée est l'avenir du monde....

Mais comment, dans cette vaste conflagration, renouer la chaîne des temps passés et la chaîne des temps futurs? Que sais-je, moi, de la civilisation? A peine quelques résultats... Mais, je dirai aux hommes ce que faisaient leurs devanciers, et, les résultats connus, les moyens seront bientôt retrouvés. On a mis cinq mille ans à chercher, parce qu'on cherchait sans savoir; à ceux à qui l'on dit: « Voilà le but, » la route est prompte.

» Et puis, quel était le grand secret de l'homme? L'art de s'approprier les forces étrangères, et d'en être le moteur, la pensée... Noë n'en était pas encore aux allumettes; je date des armes à feu et de la vapeur. Un avenir illimité s'ouvre à un monde qui a un tel point de départ.

» Dure perplexité! Je ne sais rien de ce que je voudrais savoir, je sais trop de ce que je voudrais oublier. Ah! que les préjugés de la vieille Europe ne me viennent pas assaillir dans ce monde nouveau! Que je dépouille entièrement le vieil homme!... Je n'ai plus d'utopies à faire, j'ai tous mes rêves à réaliser... Y parviendrai-je ?

» Combien de fois, dans mes caprices d'enfant, me suis-je amusé à fouler aux pieds un guêpier aux mille cellules, monde turbulent d'insectes qui pendait à un rameau de saule et jouait au vent d'orage comme à la brise du matin ? Si une guêpe survivait au désastre, elle tournait un moment, en agitant ses ailes frémissantes, autour de ce monde détruit, puis elle prenait son vol, et allait bâtir, non loin de là, un nouveau monde, fidèle image de l'ancien.

» L'histoire de la société des guêpes est celle de la société humaine. Après les mille déluges qui ont bouleversé la surface du globe, les mille Noë que Dieu ou le hasard ont laissés sur cette terre, avaient tous eu à souffrir du système social, car quel être mort ou vivant n'a pas eu à en souffrir ? mais tous ont rebâti le guêpier comme devant. Est-ce insouciance, paresse, ignorance ? Il y a peut-être, au fond, un peu de tout cela ; mais la force des choses a plus fait que le reste. Le difficile n'était pas d'élargir ou de rétrécir les cellules, de les disposer dans un autre ordre; le difficile était de changer la nature des guêpes à venir.

» Je changerai les guêpes. »

CHAPITRE II.

Un vent impétueux soufflait sur la surface
des eaux; la mer, émue jusque dans les profondeurs de son lit, ne se soulevait plus en
vagues écumantes; elle courait en mille torrens, comme autant de fleuves détournés de
leur source, et elle cherchait à s'asseoir sur
ses bases nouvelles; il y avait, dans ce qui restait de la nature, quelque chose d'incertain et

d'étonné. Mais c'est surtout au ciel qu'étaient les plus grands spectacles. L'air, transparent et inondé de lumière, semblait ne plus protéger de son voile diaphane les secrets des abîmes célestes; on voyait les astres osciller dans l'espace, l'œil pouvait suivre leur course rapide et le long sillon d'or de leur trace, l'oreille pouvait entendre les bruits harmonieux qu'ils répandaient autour d'eux, bruits ineffables, concerts sublimes dont aucun son terrestre ne saurait donner une idée. Oh ! si la nature a en effet un secret que la sagesse humaine n'ait pas découvert, si l'harmonie des mondes ne vient pas de Dieu, si ces corps inconnus ont une vie, une âme indépendante, et si de leurs seuls rapports dépend la pensée du grand tout, voici le moment où tout peut être révélé. Hâtez-vous! le temps presse! tout va bientôt reprendre son cours ordonné, et la nature va rentrer dans ses mystères.

Cependant les vents déchaînés redoublaient leur rage, et couraient avec la vitesse et le bruit du tonnerre de l'un à l'autre bout du monde, sans trouver d'obstacle qui les pût arrêter; mille météores se choquaient dans l'air, tantôt empruntant à l'aurore boréale ses plus riches couleurs, tantôt s'évanouissant en douces et fugitives teintes. La vie, exilée de la terre, s'était réfugiée au ciel, mais c'était une vie puissante, magique, une vie de feu. Tout à coup, par un brusque changement, les vents s'apaisent, les astres s'effacent et se perdent dans l'air redevenu d'azur; puis une nuit imprévue, une nuit qui ne provient pas de l'absence du soleil tombe sur la terre, un craquement horrible se fait entendre, et la création est près de se replonger dans le chaos.

Les trois femmes, timides colombes, se serrent près de Brémond.

« — *Santa-Maria!* » dit la marquise.

« — *Mein Gott!* » dit la baronne.

« — Mon Dieu! » s'écria la comtesse.

« — Silence! » dit Brémond d'un air d'extase, et, les regards fixés au ciel, il contemplait les longs tourmens de la nature en travail.

Combien d'heures, combien de jours passè-
rent-ils dans ces angoisses suprêmes? Dieu seul
le sait, car sa main puissante avait interrompu
la longue succession des jours et des nuits. Il
faudrait une nouvelle appréciation à un nou-
vel ordre de choses, et la parole humaine est
trop finie, trop bornée pour exprimer des
idées qu'une raison d'homme ne saurait concevoir. Peut-être des siècles entiers se passèrent, hors des temps, dans cette profonde
obscurité; ce fut peut-être l'affaire d'un moment.

Cette seconde épreuve devait être la dernière. Quand revint le jour, le soleil dardait
ses rayons à travers un air calme et pur; la
comète fuyait rapidement vers les dernières
profondeurs du ciel, et la mer venait mourir
doucement près du sommet des Alpes.

« — Qu'allons-nous devenir? » s'écrièrent
les trois femmes pâles et tremblantes.

« —Ah! » dit tristement Brémond, « si Sara
» était ici! Sara n'aurait rien regretté de la
» création puisque je survivais au monde.

» — Votre Sara n'aurait été qu'une sotte, » dit la comtesse. Vous le prenez bien à l'aise, » vraiment ! Et mon hôtel de la rue du Bac, » mes herbages de Normandie, qui me les » rendra ? Qui me rendra ma loge aux Bouffes » et mes douces soirées du faubourg...? Nous » voilà comme Robinson dans son île.

» — Et moi ? dit la marquise. Qu'est deve- » nue ma *villa* de Castellamare où ma vie » s'écoulait, douce et poétique, comme un » rêve ? Et mon pauvre *patito* qui allait pas- » ser *cavaliere sirvente*, sans cette maudite fin » du monde ?... Au moins si j'avais un confes- » seur !...

» — Et mes trente quartiers de noblesse ? » dit la baronne, où sont-ils ? »

Tout ceci, pourtant, ne se dit que lorsque leurs âmes se furent rassereinées.

« —Silence, femmes ! » dit gravement Bré- mond ; « oubliez tout. Que pas un préjugé de » la vieille Europe n'entre dans ce monde » nouveau.

» — Vraiment! dit la comtesse. Eh! qui
» pourrait nous entendre?

» — Retenez vos langues maudites. Filles
» d'Ève, ne soyez pas le serpent tentateur de
» votre race.

» — *Santa Maria!* répéta la marquise,
» qu'allons-nous devenir, seuls, perdus au
» milieu des mers, sur ce rocher stérile?

» —Eh bien! dit Brémond, faisons un
» monde. »

CHAPITRE III.

LE CHANGEMENT D'AXE.

« — Quel subit changement ! » dit la comtesse. « Tantôt ma bouche haletante n'aspi-
» rait qu'un air embrasé, et voilà maintenant
» qu'un froid poignant, insupportable, m'at-
» taque par tous les pores.

» — La terre durcit sous mes pieds... Oh !
» voyez, voyez ces hautes montagnes de glace
» qui courent sur la mer émue!...

» — C'est notre dernière heure.

» — Eh! non , » dit froidement Brémond, « c'est un changement d'axe. Nous devons » nous trouver près du pôle.

» — Près du pôle ! » dit la baronne, qui s'é-tait endormie à Chamouny, la veille de la fin du monde, sur un Voyage autour du globe ; « bonté divine ! c'est fait de nous. Nous voilà » devenus Lapons ! Il nous faudra vivre de » veau marin, boire de l'huile de poisson, et » habiter sous la neige.

» — *Santa Maria !* Quelle vie pour une » marquise Napolitaine !»

Et toutes trois fondirent en larmes.

« Mes amies, » dit Brémond devenu pensif, « dans une situation extrême, il faut sa-» voir prendre une résolution hardie, fermer » les yeux et aller droit en avant. Aurez-vous » le cœur de me suivre ?

» — Oui, oui, nous vous suivrons.

» — Mais songez que de grands dangers vous » attendent ; songez que la mort sera peut-» être le moindre de vos maux...

» — Plutôt souffrir mille morts que de rester
» dans ces horribles lieux!

»—Eh bien ! venez; tentons la mer et cou-
» rons à la recherche d'un coin de terre sous
» un doux soleil, où la vie soit possible.

» — Sur quel vaisseau? » demanda la comtesse.

«—Sur une de ces masses flottantes de
» glace.

» — Juste ciel ! » s'écrièrent les femmes.

« — Mais ici, » reprit Brémond, « la nature
» est morte à tout jamais; point de printemps,
» point d'été; c'est un long, un éternel hiver;
» sous ces vastes neiges, point de mousse; ja-
» mais ces glaciers, coulant en longues ava-
» lanches, ne permettront à la terre de jeter,
» sous un soleil sans puissance, des fruits et
» des fleurs. C'est à peine si nous pourrons
» prolonger de quelques jours notre triste
» existence en faisant la chasse aux monstres
» marins; et déjà le froid nous dompte, déjà
» le sang refoulé vers le cœur menace de s'y
» arrêter... Venez, fuyons.

» — Jamais! jamais! » dirent les femmes ; et, enlaçant leurs bras roidis, elles dirent d'une voix éteinte : « Nous mourrons en-» semble.

» — Femmes! » s'écria Brémond, « croyez-» vous que Dieu nous ait fait échapper au nau-» frage de l'espèce humaine pour nous laisser » au milieu de ces mers glacées, à la merci de » la mort? S'il nous a choisis, moi entre tous » les hommes, vous entre toutes les femmes, » c'est qu'il avait sur nous une pensée... Ve-» nez, je réponds de votre vie sur la mienne; » venez. »

Il y avait, dans l'air de Brémond, quelque chose d'inspiré, de surhumain qui imposa aux trois femmes. Elles promenèrent leurs re-gards autour d'elle; partout des pics sauvages, une horrible solitude, et, pour tout bruit, le lourd balancement d'une mer obstruée de glaces.

« — Le sort en est jeté! » s'écria la comtesse, « nous vous suivrons. Mais quand viendra la » nuit, quand tout sera noir autour de nous,

» Dieu! quelle sera notre peur dans ces im-
» menses ténèbres !

» — Ne craignez rien; la terre s'offrira bien-
» tôt à nous.

» — Partons, » dit la marquise d'un air résolu. « Si je reste un moment de plus ici, je
» meurs. »

Et tous s'acheminèrent avec précaution vers
le rivage. Ils y allaient toucher quand des cris
perçans se firent entendre. Le premier sentiment des femmes fut un sentiment de peur ;
mais bientôt les cris devinrent plus distincts :
le cœur de Brémond se troubla de joie; il lui
sembla que c'était une voix humaine, que
cette voix lui était connue. Une femme apparut, qui se traînait, faible, languissante, de
rocher en rocher; par un dernier effort, elle
franchit la distance qui la sépare encore de
Brémond, et elle tombe mourante à ses pieds.
C'était Sara.

Le jeune homme se précipita sur elle, et il
essaya de la rappeler à la vie.

« — Pauvre lady ! » dit la baronne, « comme
» elle dort !

» — Ah ! » s'écria Brémond avec désespoir,
« ce sommeil, c'est la mort.

» — Voyez, voyez ! » dit la marquise, « son
» visage se colore ; son souffle redevient pur et
» doux.

» — Où suis-je ? » murmura Sara en reprenant ses sens. « C'est vous, mon ami ! » dit-elle
en se jetant dans les bras du jeune homme ;
« sauvez-moi, oh ! sauvez-moi !

» — O bonheur ! Quoi ! c'est vous, Sara !
» N'est-ce point une illusion ?

» — Brémond ! si vous saviez combien j'ai
» souffert !...

» — Mais qui vous a séparée de moi !

» — Je l'ignore. J'ai cru faire un rêve pé-
» nible, affreux, un rêve de vertiges ; je
» m'étais endormie sur les Alpes, et, à mon
» réveil, je me suis trouvée sur le bord de la
» mer.

» — Partirons-nous ? » dit la marquise d'une
voix éteinte et en portant la main sur son

cœur, comme si les dernières forces allaient lui manquer.

« — Partons ! » dit Brémond d'un air de confiance et de joie ; « ma destinée sera com-
» plète. »

CHAPITRE IV.

LA MER.

Qui de vous ne s'est trouvé perdu,
dans l'immensité des mers, sur un frêle navire, jouet de tous les vents ? L'azur des cieux
va se confondre et mourir avec l'azur de l'eau
aux quatre bouts de l'horizon ; de toutes parts
l'eau et le ciel vous entourent, vous pressent,
vous menacent, et votre vaisseau, faible et
imperceptible atome, chemine sous le vent

sans que vos sens vous puissent avertir qu'il
n'est pas immobile, car aucun jalon n'est jeté
sur cette vaste route. Alors, dans le cœur du
plus brave naît je ne sais quel sentiment qui
participe à la fois de la douleur et du plaisir,
un sentiment qui n'est pas de la peur, mais
qui réveille plus d'émotions que d'idées. Tantôt, vos regards tournés vers le point où vous
supposez la terre, vous soupirez après le moment où vous serez rendu au cours ordinaire
de votre vie; tantôt vous vous surprenez à con-
templer avec un rire convulsif l'abîme où vous
nagez, et vous trouvez un certain charme
à l'idée vague, instinctive, que vous êtes à
chaque instant menacé de destruction, que
tout est péril pour vous, jusqu'au vent qui
vous doit pousser vers la contrée lointaine où
vous tendez. Que si une tempête vient à se jeter
entre les deux abîmes, poussant devant elle
les vagues et les nuages, et s'avançant mêlée
d'eau, de grêle, de foudre, de longs sifflemens,
de mugissemens atroces; alors, vous errez
lentement sur le pont couvert de pâles ma-

telots ; vous prêtez l'oreille aux sourds craquemens du navire, comme un soldat qui examine ses armes au moment de la bataille, et s'assure si sa balle sera prompte et sûre dans son mousquet ; puis, si vous avez un cœur et une raison d'homme, vous songez que la science a une force égale à celle de la tempête, que mille pensées ont présidé à la construction de votre maison flottante, qu'elles ont tout prévu, et vous allez dormir au bruit de l'ouragan, sûr de voir le lendemain les voiles doucement enflées se colorer aux rayons d'un soleil pur et sans nuages.

Et puis, que d'accidens heureux dans la navigation la plus triste et la plus monotone ! Ce navire, c'est un palais ; toutes les ressources de la civilisation, tous les plaisirs du luxe s'y trouvent ; on sait d'où l'on part, où l'on est, où l'on va ; souvent, au loin, dans les vapeurs du dernier horizon, un point blanc apparaît, faible et vague d'abord, qui grossit peu à peu, se détache du ciel et de la mer, et devient enfin distinct; c'est un vaisseau, c'est un ami qui vous aborde. Ainsi vos relations avec la terre ne sont jamais interrompues, ainsi vous retrouvez le monde jusqu'au milieu des mers les plus reculées, et vous n'êtes jamais à l'idée de votre isolement.

Mais ici, tout est crainte, tout est péril; aucune chance ne se peut ni combiner ni prévoir; le beau temps qui leur sourit les jette peut-être loin de la terre; la tempête qui semble les vouloir engloutir, les rapproche du but ignoré où ils tendent. Quand vient la nuit ils se serrent tremblans, immobiles, l'un contre l'autre, et ils passent ces heures tristes et silencieuses dans de mortelles angoisses; quand le jour éclaire ces vastes plaines, leur regard ose à peine interroger l'horizon. Faible et misérable débris de la race humaine, ils n'ont rien à espérer des hommes. Le hasard seul les peut sauver.

Un soleil du pôle, un soleil pâle et sans

rayons teignait d'une couleur de feu languis-
sant le sombre azur de l'eau ; le glaçon-navire,
lentement balancé, n'était heurté qu'à de
longs intervalles par les masses vagabondes de
glace devenues plus rares. On eût dit que ce
vaisseau improvisé avait une pensée, qu'il savait qu'il portait avec lui la fortune du monde,
car, loin de se serrer vers le pôle, il courait
rapidement au large. Brémond, appuyé sur
son fusil, contemplait tristement le ciel.

« — Hélas ! mesdames, » dit la comtesse
avec un long bâillement, « depuis que l'air
» est devenu plus doux, depuis que la peur
» m'a quittée, je m'ennuie comme une bien-
» heureuse.

» — Ce n'est pourtant pas le paradis, » dit
la marquise.

« — Que faire ? » demanda la baronne.

« — Des contes ! » dit la comtesse.

« — Des histoires plutôt.

» — Et les nôtres, n'est-il pas vrai ? Quand
» on est condamné à passer sa vie ensemble,
» encore faut-il se connaître.

» — Mais franchise entière.

» — Franchise entière...»

Elles s'assirent en cercle autour de Brémond, et elles s'apprêtèrent à faire leur confession de femmes.

———

CHAPITRE V.

LES HISTOIRES.

« Je ne vous dirai rien de mon enfance, »
dit la marquise; « ce ne sont probablement
» pas des récits de jeune fille que vous de-
» mandez.

» J'ai été élevée en Calabre dans un château
» de mon père; on me laissait courir en liberté
» et vivre en plein air; seulement on me re-
» commandait de ne pas être trop familière

» avec les *villanelle*, parce que mon père était
» un *signor conte*.

» A treize ans, les chants d'église, où j'avais
» coutume de trouver tant de charme, com-
» mencèrent à me paraître monotones. Je n'a-
» vais plus goût ni à respirer la brise du matin,
» ni à poursuivre les papillons aux ailes d'or
» qui jouaient autour des branches d'orangers
» chargées de fleurs et de rosée. J'étais triste
» sans savoir pourquoi; il me semblait, même
» au milieu de ma famille, que j'étais trop
» seule, qu'il me manquait quelque chose.
» Ma vieille tante me grondait doucement;
» elle me disait que cet ennui c'était le bon-
» heur, et qu'un jour, perdue dans les tour-
» billons du monde, je regretterais mes treize
» ans et ma belle Calabre. Je secouais la tête,
» et je n'en croyais rien.

» Un jour, un de ces hardis marins qui pas-
» sent leur vie à narguer les carabiniers et à
» frustrer les droits du roi, vint à la *villa*. Il
» avait une tête d'archange; ses cheveux noirs
» pendaient en longues tresses sur son col

» nu ; costume, gestes, contenance, langage,
» tout était en harmonie chez cet homme : on
» l'eut pris pour un *bravo* du dix-septième siècle,
» échappé aux persécutions du marquis de La
» Hinojosa. Son rude parler donnait à notre
» molle langue quelque chose de mâle et de
» poétique qui allait bien avant au cœur. Je
» ne sais ce que j'éprouvai en le voyant, je
» ne sais ce qu'il lut sur mon visage ; mais le
» soir, tandis que j'errais pensive sur le bord
» de la mer, il vint, et me dit des mots qui
» me firent tressaillir.

» Dès ce jour, j'eus le cœur plein. Naguère
» encore des châteaux, de longues robes de
» satin, de riantes *conversazioni*, des *cavalieri*
» brillans, tels étaient mes rêves ; et alors je
» ne voyais plus que d'âpres montagnes, une
» vie de fatigues, une mère allaitant son en-
» fant au bruit des mousquets, et tout cela me
» semblait le bonheur.

» Oh ! que la femme n'a-t-elle, dès le ber-
» ceau, l'art de dissimuler ! A vingt-cinq ans
» de quoi lui doit servir cet art ? à cacher quel-

» ques sottes intrigues de bal, des passions de
» tête, de frivoles fantaisies !... Mais si, à quinze
» ans, le cœur pouvait ne pas se laisser devi-
» ner, la vierge connaîtrait toutes les douceurs
» d'une passion.

» On m'épia, on me surprit. J'étais encore
» innocente, je pleurai; un jour plus tard
» j'aurais rugi comme une lionne à qui on
» enlève ses petits... Matteo fut livré aux ca-
» rabiniers, et on l'envoya ramer pour le roi
» *Nazone*, parce que j'étais la fille d'un *signor*
» *conte*.

» Mon père me fit partir pour Naples. En
» entrant dans ce monde que j'avais tant dé-
» siré de connaître, et dont je m'étais fait de
» si étranges idées, la tête me tourna un mo-
» ment; j'oubliai tout, et mes voluptueux
» ennuis, et ma chère Calabre avec ses sites
» pittoresques, sa blanche mer, son ciel de feu.
» Mais quand revint l'ennui, l'ennui de la
» ville, le plus triste, le plus accablant de tous,
» je me surpris à penser à Matteo.

» L'hiver amena d'autres plaisirs. On me

» conduisit à *San Carlo* ; je me crus transportée
» dans un séjour de fées. Dieu de bonté ! non,
» jamais âme de femme n'éprouva de si vives
» extases ! Je me plongeais avec délices dans
» cette musique céleste ; je croyais entendre
» frémir les harpes aériennes ; je n'étais plus
» de cette terre ; mon âme semblait errer hors
» de moi... Il y avait surtout un chanteur dont
» la voix molle et suave me ravissait d'aise.
» Chaque soir, je me penchais sur ma loge ;
» j'aurais donné ma vie pour obtenir un de
» ses regards, mais il n'avait d'yeux que pour
» la *platea*. Cette fois ma passion n'était pas
» timide, vague, rêveuse ; elle était vive et
» décidée... J'écrivis à cet homme ; mon billet
» resta sans réponse.

» Un jeune marquis, qu'on avait placé près
» de moi comme on met un hochet aux mains
» d'un enfant, m'étudiait avec soin ; il m'arra-
» cha un aveu. *Povera !* me dit-il en riant,
» n'allez pas devenir *inamorata*. Ce chanteur
» n'est pas un homme, c'est un arbre à fleurs
» doubles ; *fiori senza frutti.*

» Je ne vous dirai pas ce qui se passa en
» moi ; mais quinze jours après j'épousai le
» marquis. C'était un de ces caractères insi-
» gnifians, qu'on ne hait ni qu'on n'aime, qu'on
» ne méprise ni qu'on n'estime, un véritable
» homme de la foule, à peine bon pour un
» mari s'il n'avait eu un titre et une fortune.

» Voilà mon histoire. C'est une destinée de
» femme manquée. Je n'ai aimé que trois hom-
» mes en ma vie ; vous savez le sort de mes
» deux premières passions, et il a fallu que
» la fin du monde arrivât pour que la troi-
» sième ne fût pas malheureuse. Et qu'est-ce
» encore que de se donner à un homme qu'on
» aime quand il est seul sur la terre, et qu'il
» ne peut pas être un objet de préférence !

» — Et ne regrettez-vous rien du monde ?

» — Les sorbets et *San Carlo*. »

✳

« Pour moi, » dit la baronne d'un ton posé,
« je n'ai aimé personne, pas même mon mari.

» Si je voulais vous exposer toute ma généa-
» logie, je vous mènerais trop loin; il me fau-
» drait remonter jusqu'à l'origine de l'ancien
» monde; j'aime autant ne dater que de Witi-
» kind.

» — C'est modeste..., » dit la comtesse.

« — Au couvent je me suis mise en garde
» contre toute amitié; ces sortes de liaisons
» vous suivent quelquefois dans le monde, et
» c'est ainsi qu'on se laisse entraîner à voir des
» gens qui ne vous valent pas. A seize ans,
» tout ce qu'il y avait de jeunes seigneurs
» voulait faire de moi sa Promise; je distinguai
» un jeune Hongrois qui montait à cheval avec
» un aplomb remarquable et qui avait des
» mains de gentilhomme. Je walsai deux ou
» trois fois avec lui chez M. de Metternich; il
» se permit, de nuit, une escalade dans ma
» chambre, et je suis forcée d'avouer que c'é-
» tait un cavalier parfait de tout point; mais
» on me dit qu'il avait à peine deux cents ans
» de noblesse, et je le congédiai.

» Un diplomate français, élevé à l'école

» de M. de Talleyrand, dont chaque geste était
» une finesse, chaque mot une malice, suc-
» céda à mon hongrois. Il était de pure et
» bonne souche; mais il s'amusa, un beau soir,
» à lancer des épigrammes sur la noblesse
» noire, car vos Français avaient cela de carac-
» téristique qu'ils auraient sacrifié toutes les
» amitiés du monde au plaisir de dire un bon
» mot; je m'aperçus alors que mon diplomate
» avait un faux toupet, et je ne tardai pas à
» apprendre que monsieur son grand-père avait
» épousé une fille de finance.

» Un membre du parlement anglais...

» — C'est donc un tour d'Europe, » dit la
comtesse. « Si madame la baronne avait eu le
» cœur tendre elle nous aurait fait faire un
» voyage autour du monde.

» — Celui-là était sec et grave comme un
» écrit de Grotius. Il ne tarda pas à faire place
» à M. le baron.

» — Et l'histoire ne finit pas là, » dit la
marquise.

« — Le reste ne vaut pas la peine qu'on le
» mentionne.

» — Mais, » dit la comtesse, « si madame la
» baronne n'a pas eu de passions, elle a eu au
» moins des fantaisies.

» — Ces sortes de choses s'oublient le lendemain, » répondit froidement la baronne.

« — Et que regrettez-vous du monde ? » demanda Brémond. « Les gentilshommes à seize
» quartiers ?

» — Les roturiers, parce que sans eux il n'y
» a point de nobles. »

CHAPITRE VI.

*

« Je n'ai pas une longue confession à faire, »
dit la comtesse en souriant.

« Ma plus cruelle maladie dans l'autre monde
» a été l'ennui. Tout m'y semblait d'une dé-
» sespérante monotonie, hommes, femmes et
» choses. J'ai bâillé aux discours de mon amant,
» j'ai bâillé à Rossini, j'ai bâillé même à la Ré-
» volution. Il me semblait qu'en tout et par-

» tout le fond était le même, et qu'on ne se
» donnait seulement pas la peine de varier la
» forme.

» — Ce n'est pas là un aveu, » dit la baronne.

« — Pourquoi non, s'il vous plaît?

» — Oh! vous avez beau faire, » dit la marquise, « nous vous tenons; vous ne nous échapperez pas.

» — En vérité, vous êtes de cruelles femmes! » reprit la comtesse. « Faut-il que je m'invente des passions pour vous en dire?

» — Quoi! » dit la marquise, « pas la plus petite intrigue dans toute votre vie de femme!

» — Qui dit cela? mais là, où vous mettiez véritablement de l'amour, et madame de l'orgueil, je ne mettais, moi, absolument rien. Ceux qui m'ont aimée ont fait un métier de dupe.

» — Et comment considériez-vous l'amour?

» — Comme un passe-temps qui ne valait ni plus ni moins qu'un autre. A vrai dire,

» je m'en étais fait une étrange idée; mon
» amour, à moi, était désordonné, impétueux,
» capable des plus grands sacrifices; il ne de-
» vait avoir ni fin ni bornes : c'était quelque
» chose d'idéal. Mais tous ces rêves d'une tête
» de quinze ans tombèrent bientôt devant la
» réalité. Quand je vis les femmes garrottées
» par mille préjugés, quand je vis qu'il était
» des choses qu'on ne pouvait pas faire, même
» pour l'homme qu'aux yeux du monde il
» était permis d'aimer, je laissai là mes chi-
» mères.

» — Et qu'avez-vous fait?

» — Je vous l'ai dit; je me suis ennuyée.

» — Même à un premier rendez-vous? » demanda la marquise.

« — Même à un premier rendez-vous, » répondit la comtesse en souriant, « jugez du
» second!

» — Alors toute votre existence s'est écoulée
» sans émotions?

» — A peu près.... J'ai eu quelquefois des
» battemens de cœur, mais rien de plus.

» — Et que cherchiez-vous dans une liaison
» amoureuse?

» — Rien; pas même une distraction; je
» savais que je ne l'y trouverais pas. Ce n'est
» pas que, comme madame la marquise, je me
» sois amourachée d'un *bravo* dont mon père
» ne voulait pas pour gendre, ni que, à l'instar
» de madame la baronne, j'aie craint de mêler
» le noble sang des Witikind à un sang rotu-
» rier; mais l'amour, tel que l'entendait la so-
» ciété, était ou trop ou trop peu avancé pour
» moi.

» — Ainsi votre philosophie consistait à
» être indifférente à tout?

» — Ce n'était point ma philosophie, c'était
» ma manière d'être. J'avais été exposée à trop
» de méprises pour conserver la moindre illu-
» sion : je n'ai rencontré qu'un homme qui
» ait pu me comprendre, le seul qui ait senti
» que l'indifférence ne provient pas de la froi-
» deur, mais du dégoût.

» — A la bonne heure, en voilà un.

» — Quoi! vous auriez connu mon ami le
» *Pococurante?* » dit Brémond.

«— Beaucoup. J'ai vécu avec lui une grande
» journée; mais quand vint le soir nous trou-
» vâmes que tout cela était encore de l'ennui.

» — C'est que... » dit la baronne.

«— C'est que, » reprit le philosophe Brémond en l'interrompant, « c'est que toute
» votre société était factice, en dehors de la
» nature. Aucune de vous, Mesdames, ne
» pouvait être heureuse... Or ça, » reprit-il en
s'adressant à la comtesse, « que regrettez-vous
» du monde?

« — Qu'en sais-je? où serait mon terme de
» comparaison? J'attends d'avoir vu le nou-
» veau pour savoir ce qui me plaisait de
» l'ancien.

«— Et vous, Sara? » demanda Brémond.

«— Je n'en regrette rien, » dit-elle froidement.

Mais toutefois il y avait de l'amour dans son
regard, et Brémond fut étonné de ne pas sentir son cœur se troubler de joie. A Chamouny,

il aurait donné sa vie pour obtenir un tel regard. Oh! que si l'on faisait un livre de passions, il y aurait plaisir à analyser ici l'amour!...
Mais ceci est un livre grave; tant pis pour
qui ne le trouverait point tel; il jugerait de
l'homme sur l'habit.

CHAPITRE VII.

LA RENCONTRE.

Moitié devisans, moitié livrés à des occupations plus sérieuses, ils erraient depuis trois
jours sur l'Océan désert, lorsqu'un point noir
leur apparut à l'horizon. L'Arabe vagabond
qui aurait vu une source jaillir tout à coup au
milieu de ses sables stériles, n'aurait éprouvé
ni plus de surprise ni plus de joie.

« — Une voile ! une voile ! » s'écria la marquise.

« — Oui, c'est une voile! » dit tristement Brémond.

« — Qu'avez-vous? » lui demanda Sara.

« — Rien, » répondit le jeune homme; et il se tut, et il devint sombre et rêveur, car il avait sa pensée.

De longues heures se passèrent dans l'attente. Le vaisseau, jouet des vagues, semblait lutter contre le vent; il s'arrête enfin, et de ses flancs semble se détacher quelque chose qui se dirige vers la glace flottante. C'était une barque.

« — *Santa Maria!* » dit la marquise en faisant un signe de croix, « on vient à notre se-
» cours.

» — Pourvu que ce soit des Français! » dit la comtesse,

« — J'aimerais autant des Allemands, » dit la baronne.

« — Hélas! hélas! ce sera des hommes, » murmura Brémond; « adieu mes rêves! »

La barque s'avançait avec la rapidité de l'é-clair; elle toucha bientôt à la glace, et un homme, grave et sévère de pensées comme d'aspect, s'offrit aux regards des navigateurs.

« — Des femmes! » dit-il avec un étonnement mêlé de plaisir.

« — Oui, meinher, et des femmes bien mal-
» heureuses.

» — Venez, venez, mesdames. Quel bon-
» heur pour mes amis! Quel bonheur pour ce
» pauvre M. Guizot, qui avait peur d'en res-
» ter à son second mariage!

» — Quoi! » s'écria Brémond avec un accent
de terreur, « vous avez M. Guizot sur votre
» navire! »

L'homme grave se tourna vers Brémond,
et il dit avec une inclination de tête :

« — Monsieur Guizot et monsieur Royer-
» Collard.

« — Hélas! hélas! » pensa Brémond, « il en
» sera de la fin du monde comme de la révo-
» lution de juillet. Eh quoi! jamais table rase
» ici bas! toujours un passé qui vient enchaî-
» ner l'avenir!

» — Et, » demanda la comtesse, « vous pour-

» riez nous donner des nouvelles de l'autre
» monde? Comment allait-il lorsque vous l'a-
» vez quitté?

» — Ma foi, » dit le nouveau venu, « nous
» n'avons pas perdu le temps à nous en infor-
» mer ; nous avons vu venir la bagarre de loin,
» et nous avons pris le large.

» — Mais la fin du monde.....

» — Elle nous a trouvés dans notre vais-
» seau, travaillant à quasi museler le lion
» populaire.

» — Ah ! mon Dieu ! » s'écria Brémond,
« seriez-vous par hasard...?

» —Un 221 !» dit l'homme grave en prenant
une attitude d'orateur.

» — Voilà le monde infecté de doctrina-
» risme !

» — Et le vaisseau, » poursuivit l'homme
grave, « renferme les deux centres de la
» Chambre.

» —Oh ! la Chambre ! » dit Brémond ; « j'espère
» bien que, le monde étant fini, il n'en sera
» plus question.

» — Comment cela? Nous serons députés » jusqu'à la fin des siècles.

» — A quoi donc a servi la comète?.... Et où » allez-vous?

» — Nous l'ignorons.

» — Tantôt, pourtant, il m'a semblé que » vous naviguiez contre le vent; cela suppose » un but, une route.

» — On navigue contre le vent, parce qu'il » n'y a rien de plus sot que de s'y abandonner » et d'aller droit son chemin; mais on ne sait » pas où l'on va.

» — Je vois bien que vous avez Guizot pour » pilote.

» — Oui, » dit l'homme grave en se permettant un fin sourire; « mais Royer-Collard le » conseille, et Royer-Collard a l'air de savoir » ce qu'il fait..... Mais laissons cela; voici la » nuit; les momens sont précieux; venez, » mesdames. »

Il offrit alors la main à Sara qui la refusa sans s'émouvoir. Les trois femmes se disposaient à suivre le 221, lorsque Brémond, qui

avait paru jusque là en proie à une morne
stupeur, les arrêta brusquement, et leur dit :

« — Vous n'irez pas!

» — Juste ciel! » crièrent les femmes.

« — Monsieur! » dit l'homme grave.

» — Elles n'iront pas! » dit Brémond d'un
air résolu.

« — Et qui êtes-vous pour porter atteinte à
» la liberté de ces dames?

» — Vraiment! » dit Brémond avec un amer
accent d'ironie, « le mot de liberté sied bien
» à votre bouche! La liberté! Les 221 l'invo-
» quent lorsqu'elle leur doit profiter, sauf à
» l'étouffer plus tard... Ces femmes sont à moi;
» c'est moi qui les ai sauvées; il n'en sera pas
» d'elles comme de la Révolution de juillet;
» vous n'y mettrez pas la main.

» — Quel droit avez-vous sur nous? » dirent
les femmes éplorées.

« — Laissez-les partir, » dit Sara: « moi, je
reste.

» — Non, non, elles ne partiront pas... Allez

» donc jeter des femmes aux bras de ces mes-
» sieurs pour qu'ils leur fassent des doctri-
» naires! »

C'est qu'en effet tout l'avenir du monde
était là.

« — Monsieur! » dit l'homme grave en le
menaçant du geste. « Je suis député!!!

» — Halte là! » répliqua Brémond en prenant son fusil. « Si vous avez le malheur de
» faire un pas, vous êtes mort.

» — Il fallait dire que vous aviez des armes, »
dit l'homme grave en changeant de ton.

Mais tandis que se passaient ces choses, les
trois femmes s'étaient jetées dans l'esquif.

« — Venez, monsieur, venez, » criaient-elles;
« laissez là ce fou. »

Le 221, tenu en respect par Brémond,
regardait la barque d'un œil de convoitise ;
s'il ne lui en avait coûté qu'un vote par assis
et levé, le pauvre jeune homme aurait été aussi
mal mené que la liberté de juillet. La position
n'était pas tenable. Désespéré, Brémond saisit

Sara; il l'entraîna avec lui, se précipita dans la barque dont il délia l'amarre, et présenta la voile au vent.

« —Monsieur ,... monsieur ,... par grâce ,... par pitié... » cria le 221 qui se voyait menacé de vivre de ses idées ou de mourir de faim.

« — Chacun son tour, monsieur, » dit Brémond. « Bonne chance.

»—C'est une indignité! C'est une horreur!» disaient les femmes.

Mais Brémond s'était bouché les oreilles. La nuit vint, et l'esquif vogua rapidement loin de la Doctrine.

CHAPITRE VIII.

L'ARRIVÉE.

« En avais-je le droit ?

» Ces femmes pleurent ; elles se désespè-rent : ont-elles tort ?

» Oui, si elles pensent que je juge mieux de leurs intérêts qu'elles-mêmes ; non, si elles en veulent être seules les arbitres.

» Ainsi, j'ai commencé ma mission par un acte de force brutale, par une injustice !...

» Mais n'est-il pas des cas où une haute intelligence peut faire violence aux préjugés de la masse (car ces trois femmes c'est la masse pour moi), afin d'aller plus directement à son but ?

» Trois fois malheur sur ma tête ! Ce raisonnement c'était celui de tous les pouvoirs de l'ancien monde ; chacun d'eux croyait être la haute intelligence qui devait présider à nos destinées.

» J'ai voulu justifier les moyens par le but. Sotte, tyrannique excuse !... Qu'aurait fait de plus le *Rump-Parliament* de 1831 ?...»

Il cacha sa tête dans ses deux mains pour étouffer des pleurs de rage qui se voulaient faire passage ; puis, reprenant un peu de cœur, il lança un regard timide et furtif sur ses victimes, comme pour implorer sa grâce. Alors commença un long déluge d'injures, d'invectives, d'imprécations.

« — A l'heure qu'il est, » disait la baronne, « nous naviguerions doucement sur un beau

» vaisseau; nous y aurions toutes les commo-
» dités de la vie...

» — Des gens à qui parler, » dit la comtesse.

« — Un cuisinier, » reprit la baronne.

« — Une harpe, » ajouta la marquise, « et
» des amans à choisir.

» — Tandis que nous voilà dans une mé-
» chante barque que le premier orage va bri-
» ser comme un morceau de verre.

» — C'est vous, c'est vous qui nous avez
» perdues, » criaient-elles toutes trois.

« — Et ce beau *cavaliere* qu'il a inhumai-
» nement laissé sur la glace, » dit la marquise.

« — Oh! beau *cavaliere!* » reprit en souriant la comtesse, « où aviez-vous donc les
» yeux, ma chère? Une manière de pédant
» qui tenait du turlupin et de l'académicien!...

» — Vous avez beau dire; il avait quelque
» chose d'exalté dans le regard.

» — Bon! c'est le type des jeunes hommes
» de la restauration. Ces messieurs passaient
» la moitié de leur vie à se faire une espèce de

» style creux et sonore, à porter les coudes
» serrés au corps, à avoir de la retenue et de
» la morgue dans une société honnête, et une
» ivresse débraillée dans leurs parties de gar-
» çons ; quand ils avaient acquis tout cela, et
» un élancement d'œil à quoi ils s'étudiaient
» devant leur miroir, on les faisait maîtres des
» requêtes, et on les appelait sans rire de grands
» hommes d'état.

» — Vous n'y êtes pas ; je parle de la figure.

» — Je n'en ai pas connu un qui eût un vi-
» sage humain, et dont la tête ne fumât d'or-
» gueil comme une bouilloire.

» — Cruelle femme ! » dit l'Italienne avec un
geste d'impatience, « qui n'en veut jamais ve-
» nir à ce qu'on lui dit ! Ce *cavaliere* était un
» charmant jeune homme ; y êtes-vous ? l'en-
» tendez-vous ?

» — Tenez, » reprit la Française, « j'en prends
» milady pour juge.

» — Singulières têtes !... » pensa Brémond.

« — Je ne l'ai pas remarqué, » répondit froidement Sara.

« — Évertuez-vous bien sur le bel inconnu, »
dit la baronne avec une sorte de mugissement,
« moi, je meurs de faim.

» — Si, au lieu de se désespérer, madame
» avait fait comme moi, » dit Sara en désignant
du doigt une caisse qui occupait la moitié de
la barque, « elle aurait souffert moins long-
» temps.

» — Se pourrait-il!... *mein Gott!*... » s'écria
la baronne en soulevant le couvercle; « c'est
» un dîner complet.

» — Et un dîner de doctrinaires,.. » dit
Brémond.

« — Prenez garde à la viande creuse, » dit
la comtesse.

« — Qui m'aime m'imite! » reprit la baronne
en plongeant ses blanches mains dans la
caisse entr'ouverte.

Les deux dames suivirent l'exemple de la
baronne, et en peu d'instans un repas fut
servi : repas délicieux, repas divin, mais qui,
par la recherche qui présidait au choix des

mets, ressemblait presque à un contre-sens. C'était un sorbet offert à un mourant.

Quand la première faim eut été apaisée, vinrent les gais propos, les doux épanche-mens qui rétablirent l'harmonie. Déjà les dames regardaient Brémond d'un œil moins courroucé, lorsque la mer se souleva en gron-dant, et la barque fut emportée avec la vi-tesse d'une flèche partie d'une arbalète. La course était si rapide que c'est à peine si les femmes pouvaient respirer; l'air frémissait autour d'elles, et la mer et le ciel ne leur ap-paraissaient plus que comme une vaste et mo-bile trace d'azur. La nuit vint, et la barque poursuivait sa route vagabonde. Tout à coup une violente secousse se fait sentir; le frêle esquif crie et tourne en sifflant sur lui-même. Il s'arrête enfin, et un silence agité succède au long frôlement de l'air. A la lueur des étoi-les, Brémond distingue de hautes forêts qui se dessinent dans l'obscurité comme de ma-jestueuses colonnes; une odeur de terre, une odeur plus suave mille fois qu'un nuage d'en-

cens, lui est apportée par un vent doux et contenu ; il s'élance hors de la barque, et, bai-
sant la terre :

« — Voici le monde nouveau !... » s'écrie-
t-il. « Femmes, oubliez tout de l'ancien. »

LA FAMILLE.

CHAPITRE IX.

✳

Je te salue, poétique terre, berceau du monde! Oh! combien tu dus être belle dans ta virginité première, lorsque de ton sein fécond s'échappaient toutes les merveilles de la création nouvelle, lorsque ton air suave et pur n'avait pas encore été respiré par une bouche humaine!.. A la splendeur de tes jours, au mystère de tes nuits, dans le feuillage de tes forêts, dans le murmure de tes eaux, que de choses ineffables se passèrent!.. Qui saura jamais les travaux sublîmes d'une nature dont la main de Dieu vient de rajeunir la vie!..

Plus tard, quand l'homme eut fait de toi sa conquête, tu souris à ses chastes amours; là, ce qui devait être un jour le genre humain était contenu dans une humble cabane; ici eut lieu la première naissance, plus loin un mausolée est élevé à la première mort. Quels cris de joie durent saluer la venue du premier rejeton de la race humaine! Quels longs sanglots, quelle morne stupeur, lorsque la mort entra, pour la première fois, pâle et à pas furtifs, dans ce monde nouveau!.. Tout était spectacle, tout était merveille.

Aujourd'hui le fer et le feu ont cicatrisé ton sein, tu succombes sous le poids des villes que tu portes; ta sève appauvrie ne cède plus qu'à regret les fruits que tu jetais jadis avec amour; mais, ô la privilégiée entre toutes les terres que le soleil a éclairées depuis l'origine des temps, jamais plus étonnantes scènes ne se passèrent dans un monde créé. Loin, bien loin l'âge d'or et ses ruisseaux de miel; loin, plus loin encore les Titans et leurs travaux gigan-tesques! Ton âge d'or, ce n'est point la nature qui te le donne, c'est le génie de l'homme; un demi-siècle a suffi pour acquérir plus qu'on n'avait perdu, et ce qui était naguère un ré-sultat pour l'ancien monde n'a été qu'un point de départ pour le monde nouveau.

Il faut donc exposer aux yeux l'origine de la société actuelle; il faut, remontant le cours des années, dire par quel principe on est arrivé à telle ou telle conséquence. Mais qu'im-porterait au penseur la longue histoire du monde matériel? ceci serait œuvre de chimiste ou de poëte; c'est au monde moral qu'on s'attachera.

Une grossière cabane, les fruits que la terre leur donnait sans culture, la chair des animaux tués à la chasse suffirent quelque temps aux besoins de Brémond et de ses compagnes; mais quand la famille se fut accrue, quand les enfans, grandis sous les yeux de leur père, instruits à ses leçons, eurent acquis une intelligence et une force d'homme, alors s'ouvrit au genre humain une autre carrière. On ne perdit pas le temps en d'inutiles essais; point d'incertitudes, point de tâtonnemens, car Brémond avait emporté de l'ancien monde quelque chose de plus précieux que les longues races d'animaux que Noé avait enfermées avec lui dans son arche, c'est à savoir la science humaine. La famille nouvelle apprit bientôt à fouiller dans les entrailles de la terre, elle appela le fer et le feu à son aide, et, au lieu d'aller au but par les moyens, elle retrouva les moyens par le but.

Quand l'homme eut la haute puissance de disposer de toutes les forces de la nature, quand il eut non-seulement pourvu aux besoins du moment, mais prévu les soucis du lendemain, Brémond chercha à organiser le gouvernement de la famille; et c'est ici que commence l'histoire de ses longues incertitudes.

CHAPITRE X.

BIEN ET MAL.

*

« Tout peut être remis en question , car rien
ne me gêne ; et d'ailleurs, dans l'ancien monde,
le bon était si rare et si mêlé de mauvais que
je n'aurais pas regret à n'avoir pas même con-
servé les fondemens de l'édifice , ignoble et
chancelante masure qui , depuis des siècles ,
menaçait ruine.

» Les fondemens de l'édifice , c'était la fa-

mille; de là est venu le gouvernement qui prétendait en être le chef, et qui, ne pouvant pas
prouver ses droits de père, en était allé chercher d'autres dans le ciel ou dans le tacite
consentement de la majorité. C'est une vérité
triviale et qui courait jadis les rues pour quiconque avait le moindre goût à la réflexion.

» Je vais donc fonder aujourd'hui, car de la
famille dépendra tout ce qui va s'ensuivre.
Posons donc bien les premières pierres.

» Je n'ai jamais été de ceux qui faisaient fi
des livres saints; partout où j'ai vu des traces
d'homme, j'ai cherché des enseignemens,
mais sans jamais soumettre ma raison à ma foi.
Ces livres m'ont fait assister à la naissance de
la société humaine; seuls ils me peuvent éclairer
sur le gouvernement de la famille. Interrogeons
ma mémoire.

» Ma mémoire! Eh! que m'apprendront les
traditions de la vieille société? comment on est
arrivé insensiblement de la liberté native à
l'esclavage; puis, quand on a été las de l'esclavage, et qu'on a voulu revenir à la liberté na-

tive, comment on s'est arrêté à une espèce de moyen terme qui livrait le grand nombre, pieds et poings liés, au petit!.. Certes, ce n'est pas la peine d'y perdre le temps... Le temps, chose si précieuse, chose plus précieuse que jamais!.. Si je venais à mourir, qui sait, grand Dieu ! en quelles mains tomberait l'avenir du monde?..

» Et puis la Bible n'a pas jeté de grandes lumières sur la société naissante ; elle ne nous a pas fait assister à ses progrès; après quelques naïves scènes de la vie patriarcale, elle fait subitement apparaître un Nemrod, créateur du pouvoir royal. Comment l'homme se façonna-t-il au joug d'un maître ? (car dans la nature ordinaire, comme dans la nature humaine, il n'y a rien de brusque, tout vient par transition;) c'est là ce que la Bible ne dit point. Après la force brutale, représentée par Nemrod, vient la force intellectuelle, représentée par les prêtres. Et comment ? et pourquoi ? C'est que Noé n'était pas l'émanation d'une civilisation avancée. Qu'on se figure, au lieu d'un Français du XIXe siècle, un moine espagnol, ou un fellah égyptien, restés seuls sur la terre pour reconstruire la société, et qu'on imagine où tout irait!...

» Rompons avec le passé. J'en ai pris ce qui était à prendre, le matériel de la civilisation ; le reste doit dormir sous l'eau.

» Mais ici ne faut-il pas distinguer? Outre la politique, que j'abandonne, n'y avait-il pas la morale?

» Heureux ceux qui croyaient que la morale était une fille du ciel, issue de la parole divine, et propagée par les prophètes! Ceux-là avaient un sûr remède aux maux de la terre, une illusion pure et constante. La morale n'avait été imaginée que dans l'intérêt de la société ; elle en était la plus forte sanction... M'en pourrai-je passer?..... Quelle folie ! y a-t-il une voûte possible sans clef, une force sans point d'appui?

» Pour bien entendre ce qu'était la morale, il faudrait que j'énumérasse tout ce qui était jadis vice ou passion. Le vol, le meurtre sont choses dont je n'ai point encore à m'occuper; tout cela n'est pas de la famille. Dans mes entours, qui aurait intérêt à voler, à tuer? Si, dans un gouvernement aussi peu avancé que le mien, dans un gouvernement de famille, Caïn tua son frère, la faute en est à Jéhovah. Pourquoi Jéhovah prenait-il plus de plaisir aux sacrifices d'Abel?... C'est donc d'une autre morale qu'il s'agit.

« Le mariage, est-ce une institution qui doive survivre au naufrage de toutes les autres?... Autant vaudrait rechercher par la pensée si l'homme est né sociable: vieille difficulté d'école, pâture d'une philosophie à son enfance; prétexte à des déclamations qui n'auraient pas tenu devant le plus léger examen des faits. L'enfant a trop long-temps besoin de son père pour qu'il n'y ait pas eu société sur le globe dès qu'un homme et une femme se sont accouplés. Le mariage c'est l'accoutumance de l'amour; l'amour c'est une préférence, et l'homme est le seul être créé qui, en amour, ait des accoutumances et des préfé-rences. Il se mariera.

» Aura-t-il une ou plusieurs femmes?... Il me souvient que, dans l'ancien monde, un proseur attribuait à la monogamie la supério-rité des races européennes sur les races orien-tales. Dieu aidant, j'espère qu'il n'y aura pas sur le globe d'autre race que la mienne. Au reste, là ne serait pas le motif. Mais la nature a-t-elle fait la femme assez forte pour qu'elle soit libre virtuellement, par elle-même ? Frêle et timide créature, elle ne pourrait pas résister à la tyrannie de l'homme; il faut donc contre-balancer la force physique par la force mo-rale, il lui faut donner un empire. Que si cet empire est divisé, il n'existe plus. L'homme n'aura donc qu'une femme. On peut faire vio-lence à la nature dans l'intérêt de la société à venir.

» Et cette femme pourra-t-elle être sa sœur?... Les liens si resserrés de la famille se relâche-ront un jour; les hommes se diviseront; si des alliances ne les viennent pas rapprocher, chaque individu vivra isolé, étranger à son voisin; tous les accidens de la vie se passeront sous le même toit... Non, l'homme ne pourra pas épouser sa sœur.

» Allons, allons, il y avait quelque chose à conserver de l'ancien monde.

CHAPITRE XI.

» Il est un point que mon esprit timide tremble d'aborder, plongé qu'il y serait dans un océan de doutes; et toutefois je ne saurais rester plus long-temps en suspens ; la question est vitale.

» Dans l'ancien monde on abusait de tout; en désespoir de lutter avec succès contre les conséquences, on s'en prenait aux principes afin de couper le mal dans sa racine, et souvent le principe d'une chose devenue mauvaise était bon en lui-même. Ainsi la religion n'avait été faite ni pour les prêtres, ni pour les rois; c'était l'ancre de salut du système social. Un esprit juste comprend tout d'abord la raison des choses; il fallait, pour la masse, quelque chose qui parlât au sentiment plus qu'à l'intelligence, et qui dispensât de la justesse d'esprit.

» Quelle sera, pour moi, la sanction du système? Puis-je l'imposer d'autorité aux hommes à venir? Et quand je ne serai plus de ce monde, qui se chargera d'expliquer à la masse l'enchaînement de mes raisonnemens? Qui répondra à tous les *pourquoi?* Ne serait-il pas absurde de croire qu'on n'entreverra jamais une objection possible?

» Certes, si j'avais à opérer sur une société toute formée, je n'aurais pas besoin d'entourer de nuages l'origine de mon gouvernement; dans une société un peu compacte, il y a une vieille habitude qui tient lieu de tout;

on va ainsi parce qu'on a coutume d'aller
ainsi. Qui s'amuse, excepté les esprits spécu-
latifs, à se demander pourquoi il est dans
telle route plutôt que dans telle autre?... Mais
ici, tout pourra être contesté. Que répondrai-
je à celui qui me demandera pourquoi la famille est façonnée à telle guise?

» Il faut donc chercher un appui ailleurs
que dans l'explication des causes, et cet appui ne se peut trouver qu'en faisant interve-
nir une croyance religieuse dans les ressorts
du gouvernement.

» Assurément, aucun être doué de raison
n'a pu mettre un moment en doute l'existence
d'un esprit divin, auteur de toutes choses.
On a beau reculer l'objection par la pensée, il
en faut toujours venir à l'alternative ou d'un
monde existant par sa propre volonté, ou
d'une volonté suprême créant le monde; et l'on
conçoit plus aisément la puissance dans l'esprit que dans la matière. Mais d'un être créateur à un être qui n'a créé les mondes visibles
et invisibles que pour l'homme, qui a fait de

l'homme le but de cet immense tout, il y a loin, je le sais. Si l'on presse un peu les causes finales, il n'y a pas de raisonnement religieux qui tienne devant une étoile. A quoi bon cet astre qui n'échauffe ni n'éclaire? Pourquoi est-il là?... Mais que voir alors dans l'existence de Dieu, dans ce grand fait que l'univers révèle? Une simple satisfaction d'esprit? un mystère expliquant d'autres mystères? Ce ne serait pas la peine de le proclamer.

» C'est de Dieu que dérivera donc toute morale, comme de la morale dérivera le gouvernement de la famille. Mais pas de temples, pas de prêtres; pour tout culte, la prière; pour toute croyance, l'espoir d'une récompense et la crainte d'un châtiment dans une autre vie. Voilà le principe isolé de toutes les conséquences viciées; voilà ce qui suffit à la société. »

Il s'arrêta un moment à cette idée; puis retombant dans ses éternelles indécisions :

« Mais si l'on abuse encore du principe! » pensa-t-il derechef. « J'aurais moi-même introduit dans le monde le germe de mille maux, le fanatisme, l'intolérance, le dogme prêché avec autorité, et faisant violence au droit de libre examen, tous les crimes des persécutions religieuses!... Hélas! l'homme est-il donc ainsi fait qu'il ne puisse jamais que flotter entre deux excès contraires, et tomber dans un péril pour en éviter un autre!... La doctrine que je prêcherai sera pure et claire; mais ne s'altérera-t-elle pas en passant par d'autres bouches?... Et si je rejette la religion, où sera la source de la morale? »

Brémond oubliait qu'il s'était promis de forcer les guêpes à changer de nature.

« Oui, » reprit-il, « c'est sagement agir que de parer à un danger certain et présent au risque d'un danger douteux et à venir.

» Dans l'ancien monde je n'avais peut-être pas assez tenu compte des faits. La spéculation est facile; mais quand vient le moment de mettre les théories à exécution, tout vous est difficulté, et vous rencontrez mille obstacles là où vous n'en auriez pas même soupçonné!

Je n'ai jamais eu foi à l'absolu, mais je n'aurais pas cru qu'il fallût si souvent se contenter du relatif... Eh! que sera-ce plus tard!... Je tremble d'y songer. Certes, je suis loin de regretter le vieil édifice; mais il faut pourtant convenir qu'il y avait quelquefois une haute pensée au fond des choses, et que le mal existait souvent par l'impossibilité du bien.

» D'où provenait surtout le vice? De la misère des uns, de la trop grande opulence des autres, de l'inégalité érigée en principe. N'était-ce pas une chose atroce que chaque homme ne pût pas trouver sa pâture; que fortune, honneurs, dignités, tout allât à ceux-ci, rien à ceux-là?... Oh! cette fois mon système est arrêté, rien ne m'y fera gauchir, je me raidirai contre le fait. Point de privilége, égalité complète. Les biens de la terre seront communs à tous, comme le travail. Je veux que dans ce monde nul être vivant ne souffre de la faim ni du froid, que nul être vivant n'ait une jouissance que chacun ne se puisse procurer comme lui... Je le veux! »

Et Brémond appela la pratique au secours de la théorie.

La chose était facile. A cette époque, la famille, à peine composée de quelques membres, pouvait tenir tout entière sous le même toit. Les intérêts et les idées contraires n'ayant pas eu occasion de naître, il n'y avait d'autre intérêt que celui de la communauté, d'autre idée que celle que le père voulait bien suggérer lui-même. A tout prendre, ce serait là le bonheur si, sur cette terre, les enfans pouvaient ne jamais grandir. Brémond, homme à expérimentations et à tâtonnemens, n'avait point, en cette occurrence, interrogé le fond des choses ; s'il avait été moins préoccupé de l'avenir, s'il avait un peu mieux scruté le présent, il se serait convaincu que le pouvoir qu'il exerçait sur la famille était le pouvoir absolu dans toute son abstraction.

Quant à l'égalité qu'il voulait ériger en système, il ne prenait point assez garde qu'il enchaînait par là l'intelligence et la liberté. L'homme n'est point un arbre qui jette des fruits au hasard sans pensée et sans but. Pour donner à tous les mêmes droits à la jouissance des biens à venir, il aurait fallu pouvoir établir en même temps un égal concours de tous à la production. Il en était de ce système comme de tous ceux qu'on bâtit en dehors des faits. Patience ! Le champ est vaste aux expériences.

CHAPITRE XII.

« — Que dites-vous de mon œuvre, mes-
» dames, et comment trouvez-vous que va le
» monde? » demanda un jour Brémond avec
un air de secret contentement.

« — Fort mal, » dit la marquise; « c'est à
» peine si nous avons le strict nécessaire; au-
» cune douceur, aucun sujet d'amusement; je
» bâille comme Eve dans le paradis terrestre.

» — A toute chose il faut le temps.

» —Sans doute, » observa la baronne; «mais
» croyez-vous qu'il soit doux pour une femme
» de ma condition de travailler comme une
» mercenaire? J'ai les doigts plus sales et les
» ongles plus crochus qu'une femme de pa-
» triarche.

» — Plaignez-vous, je vous le conseille! Et
» moi qui suis forgeron, armurier, charpen-
» tier, maçon, que sais-je?... Ah!... » dit-il avec
un soupir, « au lieu de la porcelaine, des cris-
» taux, de toutes les frivolités que le 221
» avait laissées dans la barque, que n'y ai-je
» trouvé un exemplaire de l'*Encyclopédie!*
» j'aurais bien moins de peine!

» — Fort bien!... » dit la comtesse en riant.
« Vous voudriez, comme Robinson, tout trou-
» ver sur un vaisseau.

» — A quoi me servirait cela? Si Robinson
» avait vécu huit ou dix vies d'homme, il au-
» rait fallu à chacune un nouveau vaisseau
» jeté sur la côte de son île. Pour nous, qui
» avons plus long-temps à vivre...

» — Plus long-temps!

» — Sans doute, dans la personne de nos
» enfans ; il nous faut donc tout recréer.
» L'œuvre grandit, mesdames; c'est que je ne
» me suis pas amusé, comme Robinson, à
» retrouver le chocolat.

» — C'est en quoi vous avez eu tort, » dit
la comtesse. « Je donnerais je ne sais quoi
» pour être transportée au boulevard de Gand,
» dussé-je ne vivre qu'une heure et mourir de
» plaisir.

» — Et nos pauvres enfans! » s'écria la baronne, «quel est leur sort? S'épuiser du matin
» au soir sur du bois, sur du fer!... Quand je
» songe que dans notre bonne Europe tout cela
» aurait fait des comtes, des marquis, des
» barons, des duchesses! Tout cela aurait eu
» laquais, équipage, hôtel, table somptueuse
» et ce qui s'ensuit! Maudite comète!

» — Patience, mesdames! je ne leur pro-
» mets pas de laquais; mais je leur promets
» le bonheur.

— » — Il faut convenir que vous vous faites du

» bonheur une singulière idée! vous ne le voyez
» que dans la satisfaction des besoins brutaux.

» — Plaisante société, en effet, que celle que
» vous organisez! » dit l'Italienne. « Il n'y a pas
» le plus pauvre petit poëte, pas le moindre
» musicien, pas une ombre d'artiste.

» — Avez-vous jamais vu commencer une
» maison par la toiture? » répondit Brémond.
« Les arts viendront d'eux-mêmes, avec la ri-
» chesse et le loisir. De quoi serviraient-ils
» maintenant, je vous prie? Ces enfans au-
» raient-ils du temps à y donner?... Au reste,
» je n'entendais pas vous parler de l'œuvre ma-
» térielle, qui sera toujours bonne, mais bien
» de l'œuvre morale.

» — C'est là que je vous attendais, » reprit
l'Italienne. « Quelle infernale religion donnez-
» vous à ces pauvres enfans? Ils ne connaissent
» pas même la madone de nom. *Santa Maria!* »
ajouta-t-elle en faisant un signe de croix. « Au-
» tant d'impies! autant de damnés!

» — Je n'ai voulu vous contrarier en rien,
» mon ami, » dit la quackeresse Sara; « mais je

» crains bien que vous n'ayez prêché à nos en-
» fants des doctrines dangereuses.

» — Il n'y a pas un doute possible à cela, »
dit la baronne. « Monsieur le philosophe va se
» faire un monde où l'on ne pourra pas tenir
» un quart d'heure sans désirer d'en sortir.

» — Monsieur le philosophe, » dit la comtesse
en souriant, « a des systèmes si absolus qu'il bri-
» serait le genre humain, plutôt que d'en faire
» plier un seul aux faits. Il s'imagine qu'il va
» faire des êtres parfaits de nos enfans ; il
» compte sans les passions et sans les vices.
» C'est une grande et dangereuse erreur que
» de croire que tous nos vices proviennent de
» la société. Il y a un proverbe italien qui dit :
» *Il lupo muta il pelo, non il vizio.* Pourquoi
» croire que l'homme naisse agneau ? Je le
» crois loup de sa nature.

» — Il y a peut-être du vrai dans votre dire, »
dit Brémond devenu attentif.

« — Tenez, mon cher Brémond, on m'a
» beaucoup parlé de vous dans l'ancien monde,
» car vous y avez fait du bruit. Je crois ferme-

» ment que l'absolu de vos idées ne pourra pas
» mieux s'étendre sur une table rase, qu'il ne l'a
» pu sur les aspérités de la vieille société. Il y a,
» sur la table rase, des aspérités qui, pour
» échapper à votre œil, n'en existent pas moins.

» — Expliquez-vous, de grâce, » dit Brémond.

« — Vous verrez, vous verrez ce qu'il ad-
» viendra de votre beau système d'égalité ma-
» térielle? Je ne lui donne pas un an de durée,
» c'est-à-dire jusqu'au jour où ces enfans com-
» menceront à raisonner.

» — Tant pis pour ces enfans.

» — Ceci est une autre question. Mais, de
» bonne foi, là, ne vaut-il pas mieux s'accom-
» moder aux faits, que de faire des expéri-
» mentations si longues et si pénibles?... Et
» puis, estimez-vous qu'il vous sera facile de
» tenir les hommes dans une éternelle igno-
» rance des choses passées ?

» — Pour peu qu'on veuille ne pas me
» contrarier.

» — Mon ami, vous exigez l'impossible ; il
» faudrait, pour cela faire, nous condamner

»à ne pas ouvrir la bouche. Le moindre mot
» de notre part fait naître une question ; car
» nous n'avons pas un mot qui soit en harmo-
» nie avec ce qui nous environne. Que voulez-
» vous que l'on réponde ? que l'on trompe ?

» — Non pas.

» — Que l'on explique ? Alors il faut tout
» dire. Monsieur le philosophe, tout se tient
» dans le monde ; notre langue est le résultat
» d'une civilisation longue et raffinée ; elle va
» au delà des idées que vous voulez insinuer
» à vos enfans. Que ne nous faisiez-vous un
» vocabulaire à notre usage, et qui eût pu te-
» nir dans la main ? car il ne faut pas plus de
» cent mots pour le point social où nous en
» sommes...! Lâchez donc un peu la bride ; vous
» la tenez trop serrée.

» — J'en suis fâché pour vous, mesdames,
» mais vous ne me comprenez pas.

» — Dites mieux ; avouez que vous ne vou-
» lez pas nous comprendre. Aveugle, vous
» avez beau nier la lumière ; il fait jour en
» dépit de tous vos raisonnemens.

» — De grâce...

» — Pour faire le procès à vos théories, je
» ne veux qu'un exemple.

» — Lequel? » demanda Brémond.

« — Voyons, » dirent les femmes.

« — Mais un exemple si concluant, » poursuivit la baronne, « que je le mets au défi d'y
» répondre.

» — Écoutons.

» — Monsieur a voulu que l'homme ne
» pût pas épouser sa sœur...

» — Eh bien? » dit Brémond.

« — Je ne vous en blâme pas; seulement
» j'en aurais tiré la nécessité d'une autre rai-
» son. Or, s'il vous plaît, avec ce précepte,
» que d'ailleurs je trouve fort juste, comment
» se feront les premiers mariages? Tous ces
» enfans ne sont-ils pas frère et sœur?

» — C'est pourtant vrai! » dirent les femmes.

« — Un philosophe ne doit jamais être em-
» barrassé; c'est pourquoi il dira qu'une jeune
» vierge est sœur d'un homme, quand elle est

» fille de la même mère; en d'autres termes,
» il trompera ces êtres destinés à être si par-
» faits, à n'avoir pas une idée fausse!...

» — Vous entendez bien que... » dit Brémond en mordant ses lèvres.

« — J'entends bien qu'avant de faire de la
» théorie sociale, il fallait laisser à la société
» le temps de se former un peu. Qui vous
» pressait?... Autre écueil : dans ses lois il a
» ordonné que l'homme n'aurait qu'une
» femme, et monsieur s'en est adjugé quatre.
» Comment légitimerez-vous cette exception
» en votre faveur? Direz-vous que c'est par
» l'ordre exprès de Dieu que vous avez agi
» ainsi?... Mon ami, » poursuivit la comtesse
qui vit que les traits avaient porté, « vous
» avez entrepris une rude tâche. Plus tard
» peut-être vous apercevrez-vous que notre
» vieux monde ne méritait vraiment pas d'être
» noyé. Vos idées peuvent être bonnes, excel-
» lentes même; mais les hommes ne sont
» pas une cire molle que l'on pétrit à son
» gré!

» — En vérité, » pensa Brémond, « cette » femme a fait naître d'étranges difficultés » dans ma tête. »

CHAPITRE XIII.

HISTOIRE UNIVERSELLE.

En général, il y a peu d'idées spontanées
dans le cerveau humain. Si l'on pouvait se
mettre à la recherche des faits intellectuels, on
serait étonné de voir combien peu l'opinion
émise par un homme lui appartient en propre. Dans l'ancien monde, le penseur opérait
avec les travaux et les observations de la société tout entière. Aussi est-il certain que les

jéunes habitans du monde nouveau n'auraient pas eu une idée au delà de leurs besoins, si les femmes avaient fidèlement exécuté les ordres de Brémond. Mais souvent, et presque à leur insu, elles parlaient en soupirant, des plaisirs qu'elles avaient perdus, de cette civilisation si douce, si commode, de ce monde enivrant où le bonheur leur était si facile! Ces mots, qui n'avaient aucune signification pour les enfans, et qu'ils saisissaient un à un, à la dérobée, faisaient un merveilleux effet sur leur esprit. Y attacher un sens, était chose impossible pour eux; ils interrogeaient leurs mères, et leurs mères se taisaient et versaient des larmes. Enfin, un soir que la famille était rassemblée autour d'un vaste foyer, l'un d'eux interpella Brémond.

« — Père, » lui dit-il, « quel est donc ce »monde dont on nous parle toujours, qui »n'existe plus, et d'où vous êtes venu ?

» —Mes enfans, » répondit Brémond, « je »vous vais en tracer l'histoire; et si vous ne » me pouvez pas comprendre, interrogez-moi

» hardiment : car je m'attacherai surtout à ne
» vous pas tromper. »

On fit silence, et Brémond commença en
termes:

« — Les hommes n'ont pas toujours été
» clairsemés sur cette terre; ils y étaient autre-
» fois plus nombreux et plus serrés que les
» épis dans les champs.

» — Et qu'y faisaient-ils ?

» — Les uns vivaient aux dépens des autres.
» On les avait divisés en cinq ou six caté-
» gories; et ceux qui n'entraient pas dans
» l'une des trois premières étaient condamnés
» à souffrir jusqu'au jour de leur mort.

» — Mais qui avait ainsi ordonné les choses ?

» — Les vices des uns et la peur des autres.

» — La peur, mon père!... Qu'est-ce que la
» peur?

» — C'est quand tu rencontres une bête fé-
» roce, et que tu fuis devant elle.

» — J'entends bien. Mais un homme doit-il
» fuir devant un autre?

» — Écoutez, mes enfans, et vous serez au
» fait.

» Quand Dieu eut créé le premier homme,
» la terre fut bientôt peuplée. Les hommes,
» devenus nombreux, ne purent plus tous
» se connaître, ni s'aimer, ni vivre en com-
» mun. Tous n'étaient pas également bons,
» tous n'aimaient pas également à travailler ;
» alors il fut dit que chacun profiterait exclu-
» sivement de son travail. Puis, comme l'homme
» laborieux et prudent amassait pour le len-
» demain, et que la mort le venait quelque-
» fois surprendre avant la venue de ce lende-
» main, il fut dit que ce que le laborieux avait
» mis en réserve appartiendrait à ses enfans: il
» se trouva que les paresseux furent plus forts
» et plus hardis que les laborieux ; ils se réu-
» nirent, s'armèrent et s'emparèrent des champs
» cultivés ; puis ils dirent à ceux à qui ils fai-
» saient peur : Ces champs sont à nous...

» — Oh ! » s'écrièrent les enfans.

« — Ces champs sont à nous ; Dieu nous
» les a donnés : vous continuerez à les culti-

» ver ; vous suerez à la peine, et, en récom-
» pense, nous vous laisserons prendre une
» part des fruits ; le reste sera pour nous,
» et les enfans de nos enfans en agiront de
» même avec les vôtres...—Ces hommes labo-
» rieux s'appelaient le peuple.

» — Et combien étaient-ils ?

» — A peu près mille contre un.

» — Et ils ne se révoltaient pas !

» — Cela s'est vu quelquefois ; mais les pa-
» resseux en prenaient plusieurs milliers à qui
» ils donnaient des armes, et qui n'avaient pas
» d'autre occupation que de surveiller le peuple
» et de le tuer quand il voulait se plaindre.
» Ceux-là s'appelaient l'armée.

» On avait écrit toutes sortes de maximes
» contre le peuple, et qu'on disait dictées
» tantôt par Dieu, tantôt par la sagesse des
» hommes. Ces maximes ou lois réglaient toutes
» les actions de la société, et lorsque quel-
» qu'un du peuple s'en écartait, on le punis-
» sait sévèrement pour épouvanter les autres.

» Les querelles des paresseux et du peuple

» durèrent long-temps, sans compter les que-
» relles de nation à nation.

» — Qu'était cela, mon père?

» — C'était en grand ce que le reste était
» en petit. Quand il y eut beaucoup de champs
» cultivés et beaucoup de maisons bâties, on
» dit : Tout ce qui est compris entre telle ou
» telle rivière, ou mer, ou montagne, fera une
» seule famille. Il y eut la famille indienne, la
» famille égyptienne, la famille grecque, la
» famille romaine, etc., etc. Une famille se
» sentait-elle assez forte? elle allait attaquer
» l'autre, et lui prenait le produit de son tra-
» vail.

» — Et alors le peuple renversait les pares-
» seux !

» — Non pas; de nouveaux paresseux pre-
» naient la place des premiers. Après plusieurs
» milliers d'années passés à guerroyer de
» peuple à paresseux et de nation à nation,
» vint enfin une époque où le peuple eut le
» dessus, et l'on crut que tout allait changer.

» — Ah ! tant mieux ! » dirent les enfans.

« —Ce grand changement eut lieu dans la
» famille française, d'où je sors. On chassa
» les paresseux, on tua leur chef ; mais les
» paresseux des autres pays prirent les ar-
» mes pour défendre leurs frères ; on se bat-
» tit pendant long-temps ; puis la famille fran-
» çaise fut vaincue et les paresseux y rentrèrent
» avec le frère de leur ancien chef.

» —C'était un triste monde que le vôtre,
» mon père.

» — Les vainqueurs n'osèrent pas d'abord
» faire les méchans ; ils avaient l'air de respec-
» ter les nouvelles lois que le peuple avait
» faites ; mais un beau jour ils voulurent les
» changer , et alors le peuple prit les armes et
» les chassa pour toujours.

» Or voici ce qui arriva. Quand la chose fut
» faite , il se trouva des gens qui n'avaient pas
» pris part à la bataille, et qui crièrent bien
» haut que c'était à eux que le peuple devait
» son salut. Alors ils s'emparèrent du pouvoir,
» et ils se mirent à créer, dans le sein même du
» peuple, une classe de demi-paresseux pour

» remplacer les premiers. Il fut dit qu'il n'y
» avait de bon dans la famille que ceux qui
» pourraient vivre sans travailler; que le
» peuple n'était composé que de voleurs : on
» donna des armes à ces nouveaux aristo-
» crates ; ils s'habillèrent de rouge et de bleu ,
» et à chaque coup de tambour , ils couraient
» partout essoufflés pour empêcher le peuple
» de crier qu'il avait faim , et que , Dieu étant
» le père commun de tous les hommes, il vou-
» lait être quelque chose. La querelle en était
» là quand le genre humain a été noyé. »

CHAPITRE XIV.

———

DIFFICULTÉS.

※

L'un des enfans avait prêté une attention sérieuse au récit de Brémond. C'était un jeune homme au caractère grave, et qui semblait, en toute chose, être mu par une longue réflexion. Souvent il s'égarait dans les profondeurs des bois, et il ne revenait qu'après une absence de plusieurs jours faire hommage à sa famille du produit de sa chasse. Il ne faut pas, à ce

portrait, s'enthousiasmer tout d'abord, ni faire
de Gottlieb (c'était son nom) un penseur à la
Royer-Collard. Forcé qu'il était d'opérer sur
des idées simples et bornées, il ne pouvait
pas, comme l'illustre fondateur de l'école
doctrinaire, manipuler une pensée philo-
sophique jusqu'à l'impalpabilité, et se dé-
lasser de l'étude de Reid et de Fichte
par des couplets grivois. Gottlieb n'était ni
grivois ni spiritualiste ; toutes choses qui sup-
posent une civilisation fort avancée, car elles
sont fondées sur un raffinement de l'amour
et un désœuvrement du cerveau. Mais, par les
temps qui couraient alors, Gottlieb était un
homme fort remarquable ; il avait une idée
au delà de son travail manuel.

« — Père, » dit-il un jour à Brémond, « vo-
» tre histoire m'a donné beaucoup à penser.
» Qui donc, s'il vous plaît, a noyé le monde ?
» — Je te l'ai dit, le choc d'une comète.
» — D'accord ; mais, si j'ai bien compris
» vos leçons astronomiques, au delà de l'en-
» chaînement matériel des choses, et planant

» sur le tout, il y a un esprit céleste, un dieu
» vers qui remonte et d'où découle toute ori-
» gine.

» — Assurément, » reprit Brémond un peu
surpris de la tournure métaphysique d'esprit
de Gottlieb.

« — Ce dieu doit veiller à son œuvre.

» — Il y veille.

» — Les grandes catastrophes ne peuvent
» provenir que de lui. »

Ici Brémond hésita long-temps. Il comprit
que la réponse allait loin. Déiste par conviction, Brémond rejetait comme absurde tout
rapport de Dieu avec les hommes, et toutefois
il avait fondé une religion par nécessité. C'est
le propre d'un logicien de pressentir les conséquences de la moindre parole; aussi Brémond murmura-t-il d'une voix faible :

« — Sans doute.

» — La comète n'a donc noyé l'ancien monde
» que par l'ordre de Dieu?

» — Je... le... crois.

» — Or, Dieu étant un être parfait, un être

» ordonnateur par excellence, s'il a puni les
» hommes, c'est que le monde allait mal à son
» gré. »

Brémond dit : « Oui, » en poussant un soupir d'allégement. Il croyait en être quitte.

«— Mais, puisque rien n'arrive dans le
» monde que par la volonté de Dieu, pour-
» quoi a-t-il permis que les hommes pussent
» mal faire ? »

A cette question, le philosophe serré de
près, resta muet, interdit. Il se voyait obligé
ou de recourir à l'histoire de l'œuf d'Arimaze,
du péché originel, et à toutes les allégories
par lesquelles les religions ont expliqué
l'origine du bien et du mal, ou d'exposer ses
croyances franchement, nettement, sans ar-
rière-pensée, et se priver, par là, du ressort
religieux. L'alternative était cruelle. Il s'en tira
par une défaite.

« — C'est que, » dit-il, « Dieu a donné à
» l'homme le libre arbitre.

» — Alors, Dieu doit-il trouver étonnant
» que l'homme en mésuse ? N'a-t-il pas l'autre

» vie pour le punir de ses actions dans celle-ci?
» et doit-il confondre, dans sa colère, l'inno-
» cent et le coupable?

» — On vous expliquera cela plus tard, »
dit Brémond d'un air d'autorité. « Hélas ! »
pensa-t-il, « dans quelque système que l'homme
» se place, il faut qu'il mêle le vrai de faux. »

❋

» — Père, » reprit Gottlieb, « je soupçonne
» que, dans votre histoire, vous ne nous avez
» pas tout dit.

» — Et sur quel fondement ?

» — Il est impossible que durant des milliers
» d'années, la société ait cheminé à cette guise,
» que la violence et l'injustice aient toujours
» fait loi, que le droit n'ait jamais triomphé.

» — Expliquez-vous.

» — Je conçois bien que, dans l'origine, l'in-
» justice ait prévalu sur le droit, mais après
» un certain laps de temps, cette injustice a dû

» devenir un droit à son tour, et l'on aurait
» exposé le monde à trop de perturbations si
» l'on avait incessamment recherché le prin-
» cipe. »

Brémond regarda son fils d'un air étonné.

« — Qui donc vous a appris cela?

» — J'ai un peu réfléchi là-dessus, » répondit Gottlieb en se troublant. « Vous nous
» avez parlé d'un temps où les frères se sépa-
» rèrent de leurs frères, où l'on assigna à cha-
» cun l'espace de terre qui lui appartiendrait.
» Ou je m'abuse fort, ou l'usurpation n'a pas
» dû être la seule origine de la propriété. S'il a
» plu à un père de travailler beaucoup au delà
» de ses besoins et de laisser à ses enfans de
» quoi vivre sans fatigues, pourquoi les enfans
» du paresseux dévoreraient-ils l'héritage du
» père laborieux? Il faut bien partir d'un prin-
» cipe quelconque.

» — Sans doute; mais, Gottlieb, vous n'avez
» pas vu l'ancien monde; si vous saviez que de
» priviléges étaient donnés aux riches, que
» d'entraves imposées aux pauvres !

» — Voilà pourquoi je soupçonnais que
» vous ne nous aviez pas tout dit.

»—Ces sortes de choses sont trop abstraites
» pour que vous puissiez les comprendre.

» — Pourquoi vous défier de notre intelli-
» gence ?.... Voici comment je raisonne par
» analogie. Parmi nos frères, il en est un qui
» se refuse à toute espèce de travail. Quand
» nous sommes aux champs, il se tient à l'é-
» cart, morne et silencieux. Quand nous allons
» chercher dans les forêts la nourriture de la
» famille, il s'éloigne de notre bande et ne
» revient que pour prendre part au butin.

» — Quel est-il ? Nommez-le-moi.

» — C'est Wilfrid, l'un des fils de Sara.

» —Wilfrid !» s'écria Brémond, et le malheureux père s'efforça de cacher ses larmes, car
c'était son fils le plus cher.

« — Quand les terres cultivées seront par-
» tagées, faudra-t-il que nous nourrissions
» Wilfrid et sa famille du produit de nos
» sueurs ? Il laissera tomber son champ en
» friche ; faudra-t-il que nous le cultivions

» pour lui ? Et dans cinquante années, les des-
» cendans de Wilfrid, réduits à implorer la
» charité des nôtres, auront-ils le droit de
» nous accuser d'injustice ?

» — C'est assez, » dit Brémond. « Malheu-
» reux ! » pensa-t-il, « voilà donc le germe de
» l'inégalité qui se glisse dans le monde. »

CHAPITRE XV.

LE VICE.

✳

Dᴀɴs la famille, nul n'avait un caractère
plus mou et plus indécis que Wilfrid. Enfant dans ses jeux, enfant dans ses goûts, il
semblait ne pas avancer en âge. Par un singu-
lier caprice, la nature lui avait donné un corps
d'athlète. Il ne savait ni résister à un comman-
dement, ni se refuser à un service; mais il ne
connaissait pas sa force, et ne se souciait au-

cunement de la faire valoir. Les occupations domestiques étaient celles qui lui convenaient le plus; il aimait à se mettre sous de lourds fardeaux, à n'agir qu'en sous-ordre; on eût dit que c'était un corps qui avait besoin d'une âme. Peut-être concourait-il autant qu'un autre aux travaux de la famille, mais ses travaux étaient peu éclatans, peu remarqués, et pourvu qu'on lui jetât sa pâture, et qu'on lui permît de s'étendre au soleil, Wilfrid était content. C'était un type de la race perdue des Lazzaroni.

Brémond l'alla trouver. En ce moment, Wilfrid, les bras pendans, la bouche béante, s'émerveillait à suivre de l'œil les rapides courans d'un fleuve.

«—Wilfrid! » lui dit le père d'une voix tonnante. « Que fais-tu là? »

Le jeune homme tressaillit comme un enfant qu'on surprend en faute, et il répondit d'une voix timide:

«— Père, je me délasse.

» —Toute la famille est aux champs. Pour-
» quoi n'y es-tu pas ?

» —Parce qu'on m'a donné à cultiver le
» champ le plus éloigné de l'habitation. J'ai
» perdu toutes mes forces quand j'y arrive.

» — Et pourquoi ne vas-tu jamais à la
» chasse?

» —Mes frères rient de ma maladresse; je
» n'ai jamais pu voir tomber une pièce de gi-
» bier sous ma mire.

» —Wilfrid, » reprit Brémond avec bonté,
« je sais tout. Dis-moi: ne peux-tu pas faire
» un effort sur toi-même, et dompter la pa-
» resse qui t'énerve?

» —Ah! père! si j'étais sûr que mes frères
» ne me grondassent pas, je serais trop heu-
» reux de passer mon temps, le jour à voir
» voler les oiseaux du ciel, la nuit à compter
» les étoiles.

» —Mais, Wilfrid, si tes frères ne travail-
» laient pas, comment ferais-tu pour vivre?

» —Bon! j'ai plus de goût aux fruits sau-

» vages de la forêt qu'à ceux que vous cultivez
» avec tant de soin.

» — Mais qui te vêtirait?

» — Qu'en ai-je besoin? n'y a-t-il pas un so-
» leil pour me réchaufer?

» — Et quand viendrait l'hiver?

» — J'ai vu là bas des cavernes où la chaleur
» est plus douce que celle du foyer!.. Ah! père,
» si je pouvais être mon maître, errer en liberté,
» et ne rien faire, je ne donnerais pas ma vie
» terrestre pour la vie future que vous nous
» avez promise.

» — Wilfrid! Wilfrid! » dit Brémond. « A
» quelle race tu donneras naissance!... Un jour
» ta postérité te maudira... Oui, » reprit-t-il
en jetant sur Wilfrid un regard de compas-
sion. « C'est de toi que sortira le peuple....
» Hélas! hélas!... Un peu plus tôt, un peu plus
» tard, qu'aurais-je pu y faire?... En espérant
» retenir long-temps les hommes au gouver-
» nement de la famille, je savais bien que je
» faisais un rêve; mais, grand Dieu! que ce rêve
» a été court!... »

CHAPITRE XVI.

LE CRIME.

«—Anaïs, mon âme, pourquoi me fuis-tu?

» — Je ne te fuis pas, mon frère; je t'évite.

» — Que t'ai-je fait?

» — Tu as des mots qui me font mal; tu as
» des regards qui me tuent. Quand je te vois,
» quand je t'entends, un long frisson s'empare
» de moi; je sens que mon âme est près de
» m'échapper.

» — Viens, ô ma bien-aimée, viens errer avec
» moi dans les profondeurs de la forêt, là où
» l'air est si doux, où le soleil est si beau !

» — Non, non, plus jamais, mon frère ! Nous
» y sommes trop seuls ; rien ne peut m'y dis-
» traire de toi.

» — Anaïs, qu'as-tu donc ? Tu rougis !... tu
» pleures !...

» — Laisse, oh ! laisse-moi, Alfred.

» — Anaïs, tout amour de sœur est-il éteint
» dans ton âme ? Dis : ne suis-je plus ton frère ?
» Mes chastes baisers, mes baisers de feu ne te
» font-ils plus tressaillir ? Et quand je te presse
» dans mes bras, quand je voudrais, en bu-
» vant les doux rayons de ton haleine, faire
» passer tout mon être dans le tien, dis,
» Anaïs, n'éprouves-tu d'autre désir que de
» repousser mes embrassemens ?

» — Alfred !... si tu savais !... Mais non ; je dois
» me taire. »

Et la malheureuse enfant éclata en un long
pleur.

« — Parle, » dit Alfred, dont les lèvres pâles

et émues s'agitaient en mouvemens convul-
sifs.

« — Mon amour, ma vie, » dit Anaïs d'une
voix tremblante. « Il faut renoncer à nous
» voir, à nous aimer. »

» — Que dis-tu ?

» — C'est Dieu qui le veut ; c'est mon père
» qui l'ordonne.

» — Dieu !.. L'as-tu vu, ce Dieu ? T'a-t-il
» parlé ?

» — Par grâce, par pitié, Alfred, laisse-moi
» fuir ; plus tard, peut-être, il ne serait plus
» temps. »

Et elle se déroba aux instances de son
frère.

❋

« — Père, je vous cherchais, » dit Alfred
d'un air contenu.

« — Je t'écoute.

» — Parmi vos enfans y en a-t-il un qui
» mérite d'être préféré à l'autre ?

» — Si je m'en apercevais, je fermerais les
» yeux.

» — Pourquoi donc, » poursuivit Alfred en
s'animant, «avoir troublé un cœur de jeune
» fille, et lui avoir dit que son amour pour
» moi était un crime?

» — De qui veux-tu parler?

» — D'Anaïs.

» — Tu l'aimes !

» Plus à elle seule que tout le reste de la
» création.

» Malheureux!.. » s'écria Brémond, « ne
» te souvient-il pas des leçons de Dieu? Dieu
» n'a-t-il pas dit: «Homme, tu aimeras la fille
» de ta mère comme sœur, et non comme
» femme? »

» — Dieu ne peut pas être injuste. S'il avait
» dit cela, il n'aurait pas mis dans mon cœur
» tant d'amour pour Anais. Tout amour vient
» de lui.

» — Alfred, » reprit Brémond d'un air sévère, « Dieu a dit encore: L'homme doit vain-
» cre ses passions.

« — Dieu » répondit Alfred avec un amer accent d'ironie, « Dieu a-t-il dit: L'homme » soulevera des montagnes?

» — Il n'a rien ordonné d'impossible à » l'homme.

» — Anaïs est à moi; c'est mon sang, c'est » ma chair. Pourquoi lui serait-il défendu de » m'aimer?

» — Alfred, mon fils, reviens à toi.

» — Mon père, » dit-il en se traînant aux pieds de Brémond, « si je vous suis cher, ac- » cordez-moi Anaïs ; toute notre vie sera con- » sacrée à vous chérir.

» —Tu connais la volonté de Dieu.

» — Non, » s'écria Alfred en se levant et en raidissant ses bras; « Anaïs sera à moi; aucune » puissance du ciel ne me la pourra ravir. »

La famille avait un air de fête ; de toutes parts on avait dressé des berceaux de feuillage ; un soleil éclatant de lumière semblait sourire au bonheur des hommes.

Alfred, triste et pensif, erre à l'écart; il lève vers le ciel un regard courroucé, et quelquefois un rire convulsif passe, comme un sombre éclair, sur son visage. Il entend tout à coup un bruit de pas; il s'arrête, et il voit venir un de ses frères, brillant de sérénité et de joie.

« — Où vas-tu, Matteo ? » dit-il brusquement.

«— Ne le sais-tu pas ? Je vais fonder une fa- » mille ; je vais prendre Anaïs pour femme.

» — Anaïs !.... L'aimes-tu ? mais l'aimes-tu à » l'égal d'un ange ? Donnerais-tu ta part de » bonheur sur cette terre et dans le ciel pour » une heure passée auprès d'elle ?

» — Je l'aime à l'égal des filles de ma mère, » mes sœurs. »

Alfred sourit, d'un sourire infernal; puis prenant le bras de Matteo et le serrant de sa main nerveuse:

» — Matteo, » dit-il, d'une voix sourde, » Anaïs ne sera pas ta femme ; je ne le veux » pas.

» — Et de quel droit m'imposes-tu ta vo-
»lonté ? » répondit fièrement Matteo.

«— Matteo, » reprit Alfred en le dévorant
des yeux , » j'ai souvent pensé qu'avec la
»pointe de mon couteau je faisais, au cou
»d'un agneau, un trou d'où sa vie sortait avec
»son sang.

» — Mais l'agneau n'est pas un homme, »
répondit Matteo sans s'émouvoir.

«— Matteo !.... » dit Alfred d'une voix terrible, « m'as-tu compris ? Renonceras- tu à
»Anaïs ?

» — Jamais ! »

A ce mot, Alfred se précipita sur Matteo
comme un tigre sur sa proie ; l'infortuné
jeune homme tomba baigné dans son sang,
poussa un long et pénible soupir, se débattit
un moment , puis resta immobile la face
contre terre.

«—Matteo ! Matteo ! » dit Alfred avec
effroi et en cherchant à soulever le cadavre :
« Matteo ! réveille-toi !.... Ne dors pas si long-
»temps !..... Tu souffres !...... Oh ! oui, j'ai dû

» te faire bien du mal !..... Il ne répond pas !
» Son sang se glace !..... Non, il est impossible
» que la vie d'un homme soit aussi fragile que
» celle d'un agneau !..... Matteo ! au nom du
» ciel, réponds-moi !...... »

Et il colla sa bouche brûlante sur la bouche
pâle et froide du cadavre, comme pour la ra-
nimer de son souffle.

« — Oh ! venez, venez, mes sœurs... Dieu !
» quelle horrible vue !

» —Arrivez, mon père !....La mort a frappé
» un homme.

» — La mort ! » dit Alfred d'un air égaré,
« oui, c'est la mort !....

» — Juste Dieu ! » s'écria Brémond, en sen-
tant son cœur se troubler d'horreur et en
levant au ciel ses yeux mouillés de larmes.
« Alfred, » reprit-il, « nomme - moi le meur-
» trier.

» — C'est moi, père. Prie Dieu de me par-
» donner. Je ne savais pas ce que je faisais.

» — Alfred, » dit Brémond d'une voix so-
lennelle, « sois banni à jamais de la demeure
» des hommes, que nul d'entre eux ne donne
» asile au meurtrier, et n'échange avec lui ni
» un regard ni une parole.

» — Anaïs, » dit Alfred en s'approchant
de la tremblante et innocente fille, « tu as
» entendu mon père! Tu vois où m'a conduit
» mon amour pour toi!... Me laisseras-tu seul à
» mon désespoir?... »

Et la jeune fille, éperdue, tomba aux bras
du meurtrier, et se laissa entraîner loin des
hommes.

CHAPITRE XVII.

« Eh bien! Brémond, es-tu content? seras-
tu enfin désabusé?... Voilà déjà du sang, un
meurtre!... Viens donc faire encore des utopies sur ce cadavre!...

» Oh! que ne donnerais-je pas pour ressai-
sir le fil de mes premières pensées, lorsque,
seul débris vivant de la création, je méditais
sur cette grande scène! Que ne donnerais-je
pas pour me rappeler une à une, dans leur

moindre détail, les amères imprécations que
j'adressais, pour adieu, au monde détruit!...
C'est maintenant que je les pourrais apprécier
à leur juste valeur.

» Et cependant j'étais de bonne foi; oui,
c'est de bonne foi que j'accusais la société de
tous les vices humains, de tout le mal moral...
La société! N'allons pas trop vite; n'est-ce pas
la société qui qualifie de vice ou de crime telle
ou telle disposition de l'âme, tel ou tel acte
qui, dans la nature, ne sont qu'une manière
d'être, un fait ordinaire? Quand le lion lutte
contre le lion pour lui ravir ou une proie ou
une femelle ardente, commet-il un meurtre
en tuant son rival? il cède à son instinct. S'il
y avait une société de lions organisée, l'agres-
seur serait puni du meurtre. C'est donc la
société qui transforme en faits coupables des
faits indifférens en eux-mêmes, et elle est obli-
gée d'agir ainsi dans l'intérêt de sa conservation.

» Sous ce point de vue, ni l'homme ni la
société ne sont coupables.

» Toutefois, et de ce que les vices humains ne provenaient pas jadis de l'état social, de ce que je les retrouve dans un état primitif, s'ensuit-il nécessairement que la société doive être déchargée de toutes les accusations qui pesaient sur elle? Les vices, qui existent en germe dans le cœur de l'homme, ne leur donnait-elle pas, seule, tous leurs développemens? Ici, il faut examiner.

» J'ai parlé tantôt de deux lions rivaux; le parallèle se peut continuer. Si aucun intérêt ne les animait l'un contre l'autre, seraient-ils ennemis? Dans les sables brûlans du désert, sous les feux d'un soleil implacable, quand une soif ardente les dévore, quand leur langue pend de leur gueule embrasée, une source d'eau pure qu'ils trouvent dans leur course leur est la plus belle des proie. S'en disputent-ils la possession? Non, parce qu'il y a place pour deux.

» Mais dans l'état de société, il n'y avait place à rien pour le peuple. Les neuf dixièmes du genre humain étaient plus inquiets des moyens de soutenir leur existence que le sauvage errant dans les bois. Tout leur était sujet de convoitise, tout leur était motif à crime. Et pourtant si l'on considère l'extrémité de leur misère et le petit nombre des criminels, on sera étonné de ce que Dieu avait mis de patience et de douceur dans le cœur du peuple.

» Ainsi le sentiment qui m'animait était juste ; ainsi je ne dois pas avoir regret à mes imprécations.

» Mais, moi-même, ne suis-je pas la cause première de ce meurtre qui vient d'ensanglanter la famille et la tirer de son état d'innocence et de candeur ? En voulant mettre un frein aux passions humaines, n'en ai-je pas provoqué l'explosion ? Si j'allègue pour excuse que je l'ai fait dans l'intérêt de la société, les législateurs de l'ancien monde n'auraient-ils pas eu la même réponse à mes attaques ?

» Je ne me suis jamais un juge indulgent ; mais cette fois, j'ai tort de m'accuser. Ce crime aurait pu se présenter avec d'autres circonstance. Si le mariage entre frère et sœur avait été licite, et si Anaïs n'avait pas aimé Alfred, Alfred aurait assurément porté la main sur le rival préféré. Aucune institution humaine ne peut prévenir le crime ; les seules bonnes sont celles qui n'y donnent pas occasion.

» Quand tout sera organisé, quand la société sera bien assise sur ses bases, un fait isolé n'apportera aucun dommage à l'ensemble ni aucun chancellement à l'édifice. D'ailleurs dans une civilisation plus avancée, l'amour n'aura ni cette impétuosité, ni ces fureurs. Le cœur de l'homme sera partagé entre tant de passions diverses que l'amour y prendra cette tournure molle et insignifiante qu'il avait dans notre Europe.

» Ne nous laissons donc pas ébranler par un simple accident ; persévérons. L'important, aujourd'hui, c'est de retenir quelque temps encore les hommes au gouvernement de la famille, afin que je puisse observer les faits et les bien coordonner : et mon œuvre sera une œuvre de vérité et de durée. »

CHAPITRE XVIII.

LA SCISSION.

« Père, » dit Gottlieb en interrompant Brémond au milieu de ses réflexions philosophiques, « je suis député vers vous par mes » frères.

» — Que veulent-ils de moi ?

» — Je crains d'affliger votre cœur, mais » j'ai un devoir à remplir. Père, les enfans se » multiplient autour de vous comme les jeunes

» rejetons autour du chêne. Les temps marqués
» par votre récit sont venus; il faut que la
» famille se sépare et devienne une nation.

» —Gottlieb! Gottlieb!.. » s'écria Brémond
avec une surprise mêlée de douleur, « tu ne
» sais pas ce que tu demandes.

» —Les notions que vous nous avez données
» ont germé dans mon esprit. Je sais parfaite-
» ment bien distinguer le juste de l'injuste; je
» sais surtout que l'homme doit profiter exclu-
» sivement de son travail, ou en faire profiter
» les siens; vous-même l'avez dit.

» — Tes frères sont-ils pour toi des étran-
» gers?

» — L'amitié que je leur porte ne saurait
» égaler celle que je ressens pour mes enfans.

» — Mais tes enfans profitent de ton travail.

» — Père, le temps a marché depuis le jour
» où je me suis plaint de l'indolence de Wilfrid,
» et, depuis ce jour, l'exemple de Wilfrid a
» gagné la famille comme une contagion. In-
» formez-vous de moi; chaque arbre que je
» greffe semble prendre plaisir à jeter des

» fruits et des fleurs ; s'il y a dans la forêt un
» gibier rare, c'est à mes coups qu'il vient s'of-
» frir ; et quand tout m'a réussi dans ma jour-
» née, quand j'arrive, accablé de fatigue, je
» vois des hommes qui n'ont pas quitté le coin
» du foyer venir prendre part à la curée.

» — Que t'importe, Gottlieb ? ni toi ni tes
» enfans n'avez jamais souffert de la faim.

» — La vie ne serait pas un bienfait du ciel
» si elle était toute là. Il y a plaisir à savourer,
» au delà de son appétit, de plus beaux fruits,
» de meilleur gibier ; il y a plaisir à se vêtir,
» au delà du froid, de plus riches fourrures.
» Mes enfans ni moi n'avons aucune des pré-
» férences que mon travail mérite.

» — Tu ne sais pas, Gottlieb, quel mal tu
» me fais !

» — C'est malgré moi ; mais les choses sont
» venues à ce point, que le moindre retard
» entraînerait de graves inconvéniens. Tout
» ce qu'il y a de laborieux dans la famille a
» exprimé sa volonté ferme, invariable. Si vous
» refusez d'exaucer nos vœux, nous vous obéi-

» rons, mon père, mais nous croiserons nos bras,
» et nous dirons à ceux que nous nourrissons
» de nos sueurs de nous nourrir à leur tour.

» — Ainsi vous prendriez plaisir à pousser
» la famille vers sa ruine!

» — Père, vous avez le sens trop droit pour
» souffrir qu'on en vienne à cette extrémité.
» Ne craignez rien pour vous ni pour nos
» mères; une part de notre travail vous est
» due. Il est juste que vous vous reposiez...
» Que répondrai-je à mes frères?

» — J'y songerai.

» Ils m'échappent!

» Si je les voulais plus long-temps retenir,
je ferais violence à leur liberté, je me souille-
rais de tyrannie, car ils ont le droit de se sé-
parer de moi.

» Ainsi le gouvernement de la famille ne peut
pas suffire à l'homme; sa liberté n'y trouve
pas un champ assez vaste où se développer.

C'est à peine un jalon jeté sur la route, une première halte avant le but.

» Et toutefois cette halte est inévitable, parce que, à toute chose, petite ou non, il faut une origine. Dans le gland est le principe du chêne.

» Mais le temps est-il venu de fonder irrévocablement? Les rapports d'homme à homme vont être si peu compliqués que les régler serait l'affaire d'un mot; et si je fondais en dehors des faits à naître, j'exposerais mon œuvre à une confusion dangereuse.

» Une chose va provenir de la dispersion de la famille, chose abstraite, et que toutes les intelligences ne pourront pas d'abord saisir ; c'est à savoir l'idée de la propriété. Il me suffit donc de proclamer le principe et de l'entourer de quelques garanties. Là doit, pour le moment, se borner mon intervention.

» Oh! que si j'avais pu accoutumer les hommes à vivre en frères, que si j'avais pu reculer jusqu'au delà de la durée de ce monde la connaissance du tien et du mien, je me serais estimé un heureux législateur! Mais il y a dans les faits humains une force secrète et constante qui contrarie les théories les plus pures, et, ces faits il faut bien les reconnaître, sous peine d'être entraîné par eux.

» La propriété!... Voilà donc posé le principe d'où découleront tant de bonnes et de mauvaises conséquences!... La propriété, mère de toutes les inégalités et de tous les abus sociaux, mais en même temps base unique, base rationnelle de toute société humaine, qui entraîne avec elle l'hérédité, la concentration des supériorités et des richesses!... A cette idée, je me sens près de reculer; je me voudrais tirer en arrière; mais le péril presse, et il faut oser prendre une résolution. »

Le lendemain il convoqua la famille, et, après mûre réflexion, il s'exprima en ces termes :

« Enfans, vous êtes devenus hommes, cha-
» cun de vous a droit de disposer de la liberté

» illimitée que Dieu lui a donnée; chacun de
» vous, en prenant femme, est devenu chef
» d'une nouvelle famille; et voici venus les
» temps marqués pour l'origine de la société.
» Les terres dont nous recueillons les fruits,
» c'est vous qui les avez cultivées; il est donc
» juste qu'il s'en fasse un égal partage entre
» vous. Dès ce moment commence une ère
» nouvelle. Que nul ne dérobe les fruits qu'il
» n'a pas fait naître par son travail; que la pro-
» priété de chacun soit sacrée.

　» Vous allez vivre isolés les uns des autres,
» mais continuez à vous aimer en frères, il y
» va de votre intérêt le plus cher. Ne refusez
» jamais de vous tendre une main secourable,
» et songez bien qu'on agira envers vous
» comme vous agirez envers les autres.

　» Enfans, je vous bénis au nom de Dieu!...
» Puisse la société qui commence assurer le
» bonheur des hommes!»

LA SOCIÉTÉ.

CHAPITRE XIX.

LE CONTRAT SOCIAL.

« CE n'est pas pour cacher aux yeux le secret de ses travaux que l'architecte pose sous terre les bases de son édifice, c'est pour y donner un plus solide point d'appui. Ceux qui arguaient de cet exemple pour soutenir que l'origine du pouvoir devait être mystérieuse n'étaient pas dans le vrai.

» Ai-je besoin, moi, de recourir au mystère?

En d'autres termes, faut-il, ou non, qu'un contrat soit stipulé?

» Je me souviens qu'au temps du plus fort déchaînement de mes passions, lorsque ma raison, qui commençait à naître, s'exerçait avec fougue et entraînement, je m'étais pris de haine pour toutes les institutions humaines. Le cœur blessé, la tête aigrie, je m'écriais : Qui m'a mis en société? Pourquoi m'y retient-on malgré moi? Qu'on me montre mon adhésion au contrat, et alors je me résignerai sans murmure. — Ce raisonnement me semblait logique et puissant; je n'y voyais pas d'objection possible ; je n'y en voulais point voir. Puis, je me mis à observer que le peu que je possédais me venait de mon père; que la société m'avait laissé paisiblement m'emparer et jouir de biens auxquels, sans elle, je n'aurais eu ni droit ni prétention. A cette idée, ma chaleur tomba tout à coup, et je compris que tout être vivant, riche ou pauvre, avait contracté, dès sa naissance, une dette envers la société, et que c'était là, en quelque sorte,

le tacite acquiescement de chacun à l'ordre
établi. Mais, ce que je parvins à comprendre
par l'observation des faits et l'enchaînement
des idées, ne frappe pas également toutes les
intelligences; ce qui est lumière pour l'une
est obscurité pour l'autre. Il faut aux objec-
tions une réponse évidente, matérielle, pal-
pable, et c'est le contrat social qui la doit
donner.

» Au nombre des anomalies qui, dans l'ancien monde, choquaient les esprits droits, la
moindre n'était pas celle qui voulait que les
plus petits intérêts de l'homme fussent minu-
tieusement stipulés dans les lois, et que ses
plus grands intérêts fussent livrés au hasard.
Ainsi, qu'un individu héritât de trois pouces
de terre, vite et vite magistrats et notaires de
se mettre en campagne, et de coucher par
écrit tous ses droits à l'héritage; mais quand
un citoyen avait atteint l'âge de raison, qui
se chargeait de lui dire à quelles conditions
il avait renoncé à sa liberté d'homme pour
devenir membre de la société? L'intérêt était

assez majeur pour n'être pas négligé; il valait bien trois pouces de terre. Mais la société était tant préoccupée des intérêts civils qu'elle dédaignait les intérêts politiques.

» Et puis, tout n'allant que par replâtrage, on ne remontait jamais aux principes. Chaque époque ajoutait un scrupule d'amélioration aux travaux de l'époque qui l'avait précédée; de telle sorte que si les peuples avaient toujours vécu en paix, si aucune cause extérieure n'était venue arrêter le progrès, le monde, à ce train des choses, pouvait espérer de parvenir dans quelque vingt mille ans, à un ordre social un peu raisonnable.

» A qui la faute ? aux vices humains, à la couardise des uns, à l'esprit d'intrigue des autres, au besoin d'immoler la liberté à l'amour du repos? Il y avait sans doute un peu de cela, mais c'est l'absence de tout contrat qu'il en faut principalement accuser. Nul ne sachant dire d'où il partait, pouvait aisément contredire et être contredit. L'état social était un navire sans boussole qui, dans l'impossibilité de trouver sa route, est contraint de s'abandonner au caprice des vents.

» Je veux que désormais l'homme sache d'où il vient, où il va. Là est la base.

» Et qui imposera ce contrat aux citoyens?... Est-il donc écrit que le fondateur du monde nouveau se ressentira toujours de son origine, qu'il y aura toujours au fond de sa raison quelque chose de l'habitant de l'ancien monde?... L'imposer! quelle idée! le consentement doit être formel, exprès.

» Un inconvénient se présente; à chaque refus, la société pourra donc être menacée de dissolution?

» C'est ici le cas de se rappeler que chaque citoyen, en naissant, contracte envers la société une dette que le reste de sa vie est consacré à payer. En protégeant son enfance, en veillant sur lui, la société fait l'homme sien.

» Ainsi, j'allais me perdre dans des abstractions; une chose suffit, c'est que le contrat fasse marcher parallèlement les droits et les devoirs.

»On avait jadis une étrange manière de procéder. Lorsque, après cinq mille ans de déceptions et de brigandages, on voulut réformer les abus et remettre la machine à neuf, lorsque, par une de ces fictions si communes dans la vieille société, qui ne vivait que de fictions, le peuple fut censé représenté en la personne de cinq ou six cents privilégiés, on proclama les droits de l'homme. Ma mémoire s'arrête à cette époque, parce que dans l'histoire du passé c'est la seule qui mérite quelque attention, la seule où l'on sembla éprouver le besoin de revenir aux origines. Eh bien! je vous prie, quels sont les droits que l'homme n'a pas? Aller, venir, se faire justice lui-même, dépouiller le plus faible; mille autres facultés qu'il serait trop long d'énumérer, sont autant de droits qu'il a en venant à la vie. N'eût-il pas été plus rationnel de proclamer les droits dont la société, dans l'intérêt de tous, demande le sacrifice à chacun?

» Un être pensant n'en est pas à rechercher si l'homme gagne en bonheur en faisant par-

rie d'une société bien organisée. L'assurance
du lendemain, la sécurité dans la jouissance,
la force du tout protégeant la faiblesse de l'individu, sont autant de biens qu'on ne saurait
estimer à trop haut prix, et qui compensent
au-delà la liberté illimitée de l'hypothétique
état de nature. En supposant, par la pensée,
l'homme errant dans les bois, on le verra plus
d'une fois renoncer à l'entier exercice de ses
droits lorsqu'il en espère un plus grand avantage. Ainsi, qu'une faible femme tienne une
rose, homme qui la lui pourrait ravir, n'u-
sera pas de sa force si la femme lui plaît. Le
problème sera résolu, lorsqu'à chaque charge
sera attaché un bénéfice.

On voit bien que c'est une nécessité. Il
faut que je trouve un avantage à la société
pour que j'y reste.

Ce qui porte les hommes à se réunir,
c'est de corriger le vice de l'état de nature. Or,
ce vice, résultant surtout de l'inégalité des
forces qui sont départies à chacun, la meilleure
société est celle qui les égalise le plus.

« Ce n'est pas que je me fasse illusion ; je suis loin de croire qu'en décrétant l'égalité j'aurai rendu l'égalité possible. Il est une foule d'accidens qui tendront à ramener l'inégalité parmi les hommes ; parce que, nonobstant la puissance des institutions, la nature est encore la plus forte, et la nature veut l'inégalité ; mais j'atteindrai, sur ce point, le but qu'on peut atteindre, en m'opposant aux causes.

» Il demeure bien entendu que l'inégalité ne résultera pas de la force matérielle ; cette force est annihilée par la civilisation. Un enfant armé d'un fusil se moquerait d'Hercule et de sa massue ; mais la force morale remplace celle-là, et la force morale c'est l'intelligence ou la richesse.

» La supériorité qui résulte de la fortune peut être neutralisée. Avec des lois bien conçues, on s'oppose aisément à la trop grande concentration des richesses. Quant à l'intelligence, bien que je ne puisse pas faire de tous les citoyens autant d'hommes de génie, ni empêcher qu'un homme de génie ne naisse et ne se détache de la foule, il m'est au moins loisible de donner à chacun les moyens de s'élever à la même hauteur. Mon premier principe sera que la société doit la même instruction aux citoyens. La source est intarissable; y puisera qui voudra.

» Quant aux droits, je les définirai; je dirai : « Homme, la nature t'a fait aussi libre que les animaux qui errent dans les forêts et les oiseaux qui volent dans l'air. La société te ravit une part de cette liberté, et elle te donne ceci en dédommagement. »

» Voilà le contrat; voilà les fondemens de l'édifice; plus ils seront à nu, plus ils seront solides. »

CHAPITRE XX.

LE GOUVERNEMENT.

« On a beaucoup vanté la réponse d'Helvétius à Montesquieu, qui le consultait sur sa définition des gouvernemens: « Je n'en connais que deux sortes, » dit Helvétius, « les bons et les mauvais. » On n'a pas pris garde que ces mots, en concluant trop vite, n'aboutissaient à rien, et que le problème restait toujours problème. Helvétius avait beau dire, il n'en fallait pas moins rechercher quel mode de gouvernement était le bon, et c'est ce que Montesquieu avait tâché de faire.

» De ceci il ne suit pas rigoureusement qu'on adopte les données de l'*Esprit des lois.* Les idées de Montesquieu sont quelquefois plus spirituelles que justes, et ce grand homme s'est laissé décevoir par l'apparence du vrai.

» Je me suis souvent étonné qu'il y eût tant d'esprit au fond des hommes de génie; c'est cet esprit qui rend leur organisation incomplète, qui les empêche de pousser bien avant dans leurs idées. Quand ils ont trouvé un contraste, ils s'y tiennent; et souvent l'antithèse n'est que le côté spirituel d'une pensée profonde, la vérité reste au delà. Pour être de cet avis, on n'a qu'à lire et comprendre Tacite, Machiavel et Montesquieu.

» Lorsque Montesquieu eut tracé son parallèle des trois gouvernemens; lorsque, au lieu d'en rechercher les causes et les effets, il s'ingénia à en trouver le mobile, et que ses idées eurent fait cliquetis, il crut que tout était là.

» C'est que, de son temps, il n'était peut-être pas donné à un penseur d'aller plus loin. Quand la comète est venue, il y avait plus d'idées politiques dans la tête du dernier étudiant, que dans la tête d'un ministre du XVIIIe siècle, comme un mince professeur de collége était plus avancé que Newton dans les sciences mathématiques.

» L'honneur !... la vertu !... Vous enfermer dans ces deux mots comme dans un cercle de fer, sans vous permettre d'en sortir ni de vous en écarter un seul moment ; vous faire illusion au point de vous porter à croire que tout est défini parce qu'une idée est généralisée, c'est bien le propre d'un homme puissant ! Si l'on en vient à se soustraire au charme, si l'on reprend assez de calme pour vouloir compter avec Montesquieu, on voit bientôt que ce brillant éclair jette une lueur trop rapide pour illuminer largement la route.

» Et pourtant il a fallu passer par toutes ces théories, par tous ces systèmes, brillantes tentatives de l'esprit humain, pour s'ouvrir une voie vers la vérité. Notre nature est si bornée que rien ne s'y obtient de prime-saut. On hésite, on tâtonne, on fait un pas, puis votre œuvre est reprise au point où vous l'aviez laissée, et un plus heureux achève ce que vous aviez commencé.

» Ce n'est point une besogne de philosophe que j'entreprends aujourd'hui ; l'indécision ne m'est pas permise, elle serait mortelle. La théorie du gouvernement m'inquiète peu. Oui, Helvétius a dit vrai; oui, il n'en est que deux sortes; mais ce que Helvétius n'a pas dit, c'est que les bons sont ceux qui consacrent les intérêts généraux; les mauvais sont ceux qui sacrifient les intérêts généraux aux intérêts exceptionnels.

» Le fonds une fois admis, la question de forme apparaît avec toutes ses exigences.

» Dans la vieille Europe, j'ai vu que la perturbation sociale provenait surtout d'un vice de forme. Avec des rois, une cour, une aristocratie compacte, les intérêts généraux avaient peu de chances. Supposez un roi-modèle, un idéal de bonnes intentions; il y a trop loin de la bouche populaire à l'oreille royale pour que la vérité se fasse jour. La royauté est à elle seule un intérêt trop puissant pour ne pas balancer souvent l'intérêt général. Quant au moyen terme de monarchie limitée, gouvernement de transition, forme vague et indéfinissable, où tout est mêlé de vrai et de faux, de bon et de mauvais; espèce de fiction qui participe à la fois du despotisme et de la liberté; jeu de mécanique où l'on neutralise toutes les forces en les voulant balancer l'une par l'autre, après quelques années d'essais malheureux la confusion s'était déjà mise dans les rouages.

» Les intérêts généraux ne peuvent être consacrés par les lois que lorsque l'universalité des citoyens est appelée à les régir, et les citoyens ne participent efficacement à l'action du gouvernement que dans la forme populaire.

» Nul n'est ici à s'effrayer des mots; laissons

la peur aux enfans. Oui, je fonde une républi-
blique.

» Si j'avais foi aux anciennes traditions, j'é-
prouverais de l'embarras. Au dire de très-hon-
nêtes gens, la liberté serait un rêve impossible
sur cette terre. Dans les républiques anciennes elle n'existait qu'au profit du petit nombre et avec le principe de l'esclavage ; dans les
républiques du moyen âge elle avait quelque
chose d'absolu et de despotique ; une moitié
tyrannisait l'autre, jusqu'à un retour du sort
qui ne faisait que changer les rôles. Je ne peux
pas aller à l'encontre des faits ; je les accepte
tels quels ; mais, sans m'épuiser à les commenter, à faire une longue et savante distinction
en faveur de la perfectibilité, toujours est-il
qu'un essai avait été tenté en Amérique et
qu'il avait pleinement réussi. Montesquieu aurait été mal venu à vouloir appliquer au gouvernement des États-Unis sa maxime de la
vertu ; pour quiconque avait un peu de clair-
voyance et de bonne foi, un Nord-Américain
ne différait en rien d'un sujet de Georges, de

François ou de Louis-Philippe; il n'avait ni moins de corruption, ni moins de vices comme homme; il ne valait mieux que comme citoyen.

» En vérité c'est une singulière philosophie que celle qui consiste à ne croire qu'au mal! Que penserait-on d'un homme qui souffrirait mille morts dans une prison étroite et humide, à qui l'on dirait: «Voilà la clef, ouvrez la porte, allez ailleurs,» et qui répondrait, en se rejetant sur son misérable grabat : «Le grand air pourrait m'étouffer...?» Ne riez pas de ce fou; c'est votre histoire.

» Non, il n'est pas vrai que l'homme soit fait pour obéir; non, il n'est pas vrai que l'esclavage soit plus dans sa nature que la liberté. En étudiant avec soin son histoire, on verra que dans un gouvernement bien conçu, où le peuple a eu part entière aux affaires, la liberté n'a péri que par des causes extérieures.

» — Mais avec le système d'élection illimitée, assurez-vous le repos de la société ?

»Qu'entendez-vous, s'il vous plaît, par repos?

L'absence du bruit, le calme parfait de la rue, quelque chose de semblable à l'ordre qui régnait en Autriche? Est-ce que, par hasard, vous vous seriez figuré la liberté sous les traits du sommeil, et coiffée d'un bonnet de coton?... Dans un état libre, l'agitation est inévitable. Et de quoi vous iriez-vous émouvoir si vous voyiez le peuple s'assembler en masse et proclamer hautement sa volonté? Quand un ordre de chose est bon, cette agitation ne saurait l'ébranler. Vous ne comprenez pas que votre peur serait un anachronisme. Un torrent peut effrayer; a-t-on jamais songé à s'alarmer du cours ordinaire d'un fleuve?

» J'y tiens donc; j'y persiste; mais il n'en sera pas désormais du citoyen comme par le passé; je ne mesurerai pas la capacité d'un homme à la longueur de la terre qu'il possède. Tout homme aura sa valeur; tout homme sera quelque chose. Puisque la société ne se compose que de fractions, chaque fraction doit être significative par elle-même.

» Plus de fictions, plus de compromis en-

tre le réel et le supposé! chaque citoyen ex-
primera directement sa volonté; mais en plein
air, sous la voûte du ciel : car là où les hommes se réunissent en chambrée, il y a un germe
de mort pour la liberté. Entre quatre murs,
j'ai à rougir de mon costume, de mon mauvais
choix de paroles; les beaux diseurs y ont trop
d'action. »

CHAPITRE XXI.

LES DÉTAILS.

✻

« Trois fois heureux celui qui peut caresser ses théories sans être jamais forcé de les mettre à exécution ! Sa vie est un long enchantement ; il poursuit ses idées avec une logique rigoureuse ; il n'admet aucun biais, parce qu'il ne descend pas jusqu'aux détails. Si l'on savait combien de fois le maçon contrarie la pensée de l'architecte !

» Ce bonheur-là fut dévolu à Platon. Platon! l'imagination la plus poétique qui ait jamais été, et qui rêvait de république comme un artiste rêve d'œuvres que ni sa plume ni son pinceau ne sauraient exécuter. Oh! sans doute, si l'on pouvait jeter sur la toile et sur le papier tout ce qu'on voit en songe, là où il n'y a aucune forme matérielle, où des femmes vous apparaissent, blanches et pures comme un nuage d'été, comme une fumée d'encens, où l'expression est un éclair qui rend des pensées au delà des conceptions de la terre, ce qui manque aux arts, ce je ne sais quoi que désire vaguement une âme ardente, sera trouvé; mais le songe laisse encore moins après lui que le vent qui passe sur l'onde émue; c'est l'homme en état de veille qui vous en parle, l'homme qui a perdu son extase, et il n'a que des mots trop courts, trop vulgaires pour rendre des pensées qui lui ont apparu en fantastiques et mobiles images. Dites à un poëte de vous exprimer ce qu'il conçoit au delà de l'azur du ciel! S'il l'a vu en rêve, il le sentira, mais sa pensée ne pourra jamais venir jusqu'à sa bouche.

» L'élève de Socrate n'admettait pas les hommes tels qu'ils sont; il les voulait corriger. Deux jours de pouvoir lui auraient été une amère leçon.

» Et moi aussi, j'ai fait des utopies, et moi aussi, ne tenant pas compte du monde réel, j'ai cru que la nature humaine était une étoffe souple et maniable à plaisir. J'ai bientôt laissé là mes rêveries.

» Les bases posées, il faut que je descende aux détails, car une société ne se meut pas d'après deux ou trois axiômes abstraits et sans lien qui les unisse à la pratique. Entre le point de départ et le point d'arrivée, il y a toute la route; c'est cette route qui est à faire.

» Il est vrai que mes principes étant nets et absolus, les conséquences en seront bientôt déduites. La volonté générale forme la clef de ma voûte; l'élection illimitée doit donc être le droit commun.

» Deux choses sont à considérer dans le

gouvernement, c'est à savoir la famille et la société, en d'autres termes les Municipes et l'Etat.

» Les docteurs de l'ancien monde étaient gens bien plaisans lorsqu'ils soutenaient, avec leur aplomb historique, que les libertés municipales étaient une libéralité des rois! Au milieu de l'incurie et de l'ignorance des masses, ces messieurs avaient pleine carrière aux déceptions et au mensonge; mais si l'on avait pris la peine de remonter aux sources, l'on aurait vu que jamais la liberté n'est sortie d'une main royale. Assez de trônes avaient été donnés à la légère, et l'on avait assez fait l'expérience de ce que valaient les promesses de rois improvisés, pour juger de ce que les rois légitimes avaient fait pour le peuple! En ce sens, la condition politique d'un humble bourgeois français au fort du moyen âge, était bien au dessus de celle d'un électeur d'après la Charte des 221; et ces libertés municipales, ce n'était ni l'organisation des communes, ni même la conquête romaine

qui les avaient données; c'était la force des
choses qui veut que dans un temps où l'on
ne fait pas fi de la raison, où l'on ne ramasse
pas à plaisir des hommes dans une arrière-bou-
tique pour en faire des aristocrates, le citoyen
soit libre sous son toit d'administrer sa famille
à sa guise.

» Ainsi, large, pleine part au peuple dans
le municipe; un chef de son choix, et lui,
s'assemblant en masse pour discuter ses intérêts, sans qu'il soit besoin d'une fiction,
d'une volonté qui en représente cinq cents
autres.

» Pour l'État, je retombe forcément dans
les vieux erremens de la représentation, mais
je les élargis sans mesure.

» Viennent maintenant les oisifs, les intri-
gans, les doctrinaires et les autres sangsues
du peuple! je ne les redoute point; le grand
air leur est mortel. »

CHAPITRE XXII.

LES CONSEILS.

« — Mon pauvre Lycurgue, » dit en souriant la comtesse à Brémond qui la consultait,
« vous croyez avoir fait un chef-d'œuvre!
» vous n'êtes qu'à l'exposition du drame; at-
» tendez le dénouement.

» — Fort bien!... » répondit Brémond avec
amertume. « Allez interrompre un poëte
» au milieu de son travail en lui prédisant une

» chute, et vous verrez quel cœur il aura à
» poursuivre.

» — Pourquoi vous avisez-vous d'être poëte?
» voilà votre tort.

» — A vrai dire, je ne m'en étais pas piqué
» jusqu'à ce jour.

» — Je définis un poëte, une espèce d'homme
» pour qui le monde réel est comme s'il n'exis-
» tait pas; dupe de son imagination, il se laisse
» aller à mille brillantes chimères sans que,
» ni le désappointement ni les leçons plus
» douces de l'expérience, l'en puissent désabu-
» ser. Crédule et capricieux enfant, il ne s'at-
» tache à aucune idée; ce n'est pas une tête,
» c'est une âme ouverte à toutes les émotions.
» La paix, la guerre, le mal, le bien lui sont
» indifférens; à toute chose il cherche le côté
» des images, et jamais la raison ni la cause.
» C'est une fleur qui s'épuise en riches cou-
» leurs et en parfums, mais qui ne donne pas
» de fruits.

» — Si c'est là mon portrait, je n'ai jamais
vu mon visage.

» — On s'abuse, on s'aveugle, mon ami.

» — Eh! mais vraiment, me voulez-vous
» donner, malgré moi, mon brevet d'homme à
» imagination, quand j'ai eu toute ma vie, du
» penchant pour les études sérieuses, quand je
» suis un grave législateur!

» — Que font les occupations à la tournure
» d'esprit! j'ai vu des gens qui pâlissaient du
» matin au soir sur des rimes, et qui n'avaient
» pas plus de poésie dans la tête qu'un gref-
» fier de cour d'assises; j'en ai vu d'autres qui
» avaient horreur des vers, et qui, à leur insu,
» n'envisageaient rien que sous l'aspect poé-
» tique. Vous êtes de ceux-là.

» — Il vous serait difficile peut-être de le
» prouver.

» — A vous, sans doute, mais à un autre
» que vous, non pas. Tenez, Brémond, puis-
» que je suis condamnée à tourner toujours
» dans le même cercle, à vous répéter sans
» cesse la même chose, en tout ceci vous êtes
» dupe de vos idées. Se peut-il que vous soyiez
» ainsi fait que vous ne vouliez jamais entrer

» dans la droite raison ! Je vous reprochais
» naguère de tenir la bride trop serrée à ces
» jeunes hommes, et voilà maintenant que
» vous la leur lâchez sans frein ni mesure !

» — Moi !

» — Vous voulez débuter par une répu-
» blique, malheureux ! c'est-à-dire que vous
» voulez qu'un enfant au maillot soit un
» homme ! La liberté telle que vous l'entendez,
» cette idée d'obéir et de commander à la fois
» est trop abstraite pour être comprise dans
» l'enfance des sociétés.

» — J'en suis fâché pour vous, mais je n'en
» crois pas un mot. L'expérience est là pour
» vous démentir. La liberté a préexisté partout
» au pouvoir royal.

» — Mon dieu ! n'allons pas chercher dans
» l'histoire de l'ancien monde des exemples
» peu concluans, puisqu'ils sont obscurs et
» altérés. Rendons-nous à l'évidence des faits
» dont nous avons été témoins. Toute société
» dérive de la famille, n'est-il pas vrai ?

» — Assurément.

» — Eh bien ! toute société a commencé
» par le pouvoir absolu, puisqu'elle a été,
» dans le principe, soumise à l'autorité du
» père de famille.

» — Je vous vois venir ; mais cette fois
» vous n'aurez pas la joie de m'embarrasser ni
» de me convaincre. Sans rechercher si vos
» idées sont justes ou non, ne voyez-vous pas
» bien quel immense pas je fais faire aux
» hommes ? Quoi ! parce que le monde aura
» cheminé de travers, parce que, à quelques
» rares exceptions près, l'injustice aura triom-
» phé du droit cinq mille ans durant, fau-
» dra-t-il que je soumette ma société à passer
» par les mêmes épreuves ? En vérité, ce serait
» là un raisonnement étrange. Que prétendez-
» vous dire ? qu'on abusera de ma république,
» qu'on y fera violence, que la liberté, que je
» fonde, sera exposée à plus d'un orage ? Je ne
» suis pas sans alarme à ce sujet ; mais il y au-
» rait folie à renoncer au bien, par la peur que
» ce bien n'aurait pas la chance d'une éternelle
» durée. Que si j'écoutais vos avis, j'agirais

» comme un sot à qui l'on offrirait une for-
» tune, et qui la refuserait, dans la crainte de
» la perdre.

» — Soit, » dit la comtesse, « mais estimez-
» vous que vous aurez beaucoup fait pour le
» bonheur des hommes ?

» — Madame, » répondit froidement Brémond, « si une fois nous entamions la dis-
» cussion sur ce point, nous n'aurions pas
» assez de toute notre vie pour y donner cours.
» Je ne me suis décidé qu'après de graves et
» mûres réflexions; jugez-en comme il vous
» plaira.

» — Vous ne m'entendez pas, mon ami, ou
» plutôt je m'explique mal. Je vous accorde
» que la liberté est un bien; mais, outre le
» bonheur moral, il y a le bonheur matériel
» qu'il n'est pas permis de négliger. Dans votre
» société, le peuple aura-t-il plus de part que
» dans l'ancienne, aux biens de la terre?....
» Supprimez-vous les vices et la misère qu'ils
» traînent à leur suite ?

» — Si j'étais Dieu... »

La comtesse passa sa main sur sa bouche pour comprimer un éclat de rire; puis, d'un ton demi-railleur, demi-sérieux :

« — Vous vouliez survivre à la fin du monde » pour faire un état social parfait; vous y avez » survécu. Maintenant, mon ami, vous vou- » driez être Dieu !

» — Méchante ! » reprit Brémond avec plus de calme qu'il n'avait coutume d'en mettre à ses reparties. « Laissez donc achever qui » parle. Si j'étais Dieu, je les supprimerais; » mais, comme je n'ai pas cette puissance, » j'agis de telle manière que le vicieux souf- » frira seul de ses vices.

» — La chose est difficile.

» — Moins que vous ne le pensez. Jadis, » un homme, tombé dans la misère, y plon- » geait toute sa postérité; aujourd'hui, la société » doit des moyens d'existence, mais une fois » seulement, à tout citoyen parvenu à l'âge » de la raison et du travail.

» — Et comment, s'il vous plaît ?

» — La communauté sera contrainte de
» l'aider à défricher un champ.

» — Mais quand toutes les terres seront
» possédées, ira-t-on en chercher dans la lune
» pour les derniers venus ? ou m'objecterez-
» vous que ces temps sont si loin que ce n'est
» pas la peine de s'en inquiéter ?

» — Je n'objecterai pas cette gentillesse, car
» l'avenir m'a plus occupé encore que le pré-
» sent. Mais j'ai tout prévu, en établissant que
» tous ceux qui prennent part à un travail
» quelconque, doivent, dans des proportions
» données, participer aux bénéfices.

» — Ce sera difficile à régler.

» — Oui, si je créais une classe de législa-
» teurs pour décider, en digérant, des questions
» qu'ils n'entendraient pas; ici, chacun discu-
» tant ses intérêts sur la place publique, il y a
» peu d'inconvéniens à redouter.

» — Quoi! tout ce monde sur la place pu-
» blique !

» — Que voilà bien ma noble dame de Paris
» avec son mépris pour la canaille, et la peur

» des rassemblemens !... Ma chère amie, il n'y
» a eu de liberté que chez les peuples qui ont
» su vivre en plein air.

» — Ce sera une vraie tour de Babel, » dit la
comtesse en riant. « Figurez-vous le genre hu-
» main sur la place Vendôme !

» — Vous êtes une espiègle. Qui dit cela ?...
» Supposez que nous ayons déjà une ville
» aussi vaste que Paris ; ne la pourrons-nous
» pas diviser en autant de sections qu'il nous
» plaira ? et si l'on discutait les intérêts de la
» communauté sur la place Vendôme, aux
» Tuileries, au Luxembourg, etc., cela vau-
» drait-il moins que trente oisifs, bien rentés,
» qui allaient dormir, une fois par semaine,
» à l'hôtel-de-ville, et représentaient huit cent
» mille citoyens, dont chacun valait mieux
» qu'eux ?

» — Je commence à voir clair dans vos idées ;
» mais, puisque la balle est lancée, souffrez
» que je vous donne un dernier conseil. Vous
» n'aviez fait que des utopies pour le gouver-

» nement de la famille; ceci devient plus grave;
» mettez-vous donc soigneusement à la re-
» cherche des faits.

» — C'est ce que j'allais faire. »

CHAPITRE XXIII.

———

« CETTE femme, avec son esprit français, a une singulière influence sur moi! Elle parvient souvent à me faire mettre en doute le résultat des plus longues réflexions.

» Mais je n'ai pas cédé aujourd'hui; je ne pouvais pas céder.

» L'histoire atteste que l'amour de la liberté est inhérent à l'homme. Certes, si l'on s'en tient bonnement aux faits donnés par les historiographes avec approbation et privilége du roi, rien n'est plus pauvre, plus méprisable que l'espèce humaine ; mais celui qui serait dans cette disposition d'esprit ressemblerait au curieux de la fable, qui voulait distinguer quelque chose dans une lanterne magique non éclairée. Pour illuminer les faits historiques, il les faut prendre de haut et n'aller que de sommités en sommités.

» Une idée un peu bien étrange avait couru dans l'ancien monde ; on prétendait que, sur cette terre, toute victoire militaire était un progrès. C'était là une des mille gentillesses écrites par messieurs de la doctrine, à qui Dieu fasse paix !... Si l'on va droit à la moralité des faits historiques, on verra, au contraire, que c'est toujours en dépit de la force brutale que le progrès a gagné du terrain. La vérité ne s'est fait jour qu'entre des bourreaux et des martyrs.

» Poursuivie à outrance, errante de contrée en contrée, la liberté n'a jamais été complètement chassée du globe; le gouvernement-modèle qu'elle fondait dans un coin de terre avait, dans les états voisins, des disciples et des amis ; mais la victoire, en tant que victoire sur un champ de bataille, a rarement été pour elle.

» Qu'entendaient donc ces messieurs par progrès? Est-ce à dire que, lorsque Philippe de Macédoine et son successeur Alexandre eurent foulé aux pieds la liberté grecque, il y eut progrès, parce qu'Alexandre frappa au cœur, à Arbelles, la barbarie asiatique? Le fameux *Græcia barbariæ lento collisa duello* a trait à une autre époque. C'était alors une simple affaire de civilisation, et non de liberté : et voyez comme plus tard l'Asie réagit sur l'Europe! voyez comme elle met la Grèce à deux doigts de sa perte ! puis, quand une seconde action européenne refoule les Barbares au fond de l'Asie, l'Europe achète sa victoire au prix de sa liberté.

» Hommes du moyen terme, équilibristes politiques, qui jouez avec les principes comme un bateleur avec ses gobelets ; oui, sans doute, les faits vous donnent gain de cause, si le but, après quoi l'on court ici bas, est un juste milieu entre le bien et le mal; que si la vie politique des peuples doit être entière et rationnelle, l'histoire vous donne un dementi de tous les jours.

» Lorsque parut Iès, fils de Marja, ce bienfaiteur des sociétés anciennes, ce grand réformateur de l'ordre civil, sa mission ne fut pas instantanée; la vérité, qu'il prêcha avec tant de constance et de courage, avait, avant lui, des apôtres, mais des apôtres persécutés et qui cachaient leur vie dans les sauvages déserts du tropique. La parole que Jean - Baptiste inspira au Christ obtint-elle une victoire armée? On sait la longue et sanglante lutte du christianisme contre le vieil ordre de choses; on sait combien de sang humain a coulé sur les échafauds. Voilà enfin le principe sur le trône avec Constantin. Eh bien ! dans ce Bas-Empire, tant méconnu, où l'ardeur qu'on avait aux schismes témoigne de l'indépendance d'esprit (car la religion chrétienne étant alors la seule liberté possible, chacun cherchait à y donner la meilleure formule); dans le Bas-Empire, qui donc a triomphé, de la liberté ou de la barbarie?

» Les Romains sont devenus chrétiens... Les Barbares sont devenus chrétiens... Mais les Romains et les Barbares n'avaient-ils pas eu constamment la victoire sur le christianisme?

» A une époque plus rapprochée, quand la révolution française fit pour l'ordre politique ce que le christianisme avait fait pour l'ordre civil, l'Europe conjurée n'a-t-elle pas eu raison de la révolution française? Dira-t-on que la chute de Napoléon fut un progrès, parce que, après lui, on fit, en France, un timide et misérable essai de liberté? Mais le mouvement intellectuel aurait eu lieu, à la paix, sous Napoléon, plus largement, plus normalement que sous Louis XVIII : car Napoléon n'était pas, comme le chef des Bourbons, un principe antipathique à la liberté. Un intérêt plus puissant préoccupait la nation; il fallait vaincre, et elle n'a pas vaincu.

La longue, l'éternelle querelle du droit et du privilége, n'a eu qu'un moment des chances de victoire par la voie des armes; c'est à la chute des Bourbons. Mais la doctrine ne voulut pas la guerre, parce que les peuples s'entendaient trop bien; et après la bataille, on aurait posé de trop larges principes. Il faut à l'aigle le vaste espace des cieux; il faut des cages aux serins.

» Ce nonobstant, il y a eu progrès constant, progrès rapide, parce qu'ainsi le veulent les choses. Ce ne sont pas les rochers qui forment les fleuves sur les montagnes, mais ce sont les rochers qui, en arrêtant le cours de minces filets d'eau, les forcent à devenir fleuves. La raison est puissante sur les cerveaux humains, et la force brutale est contrainte de céder aux idées des vaincus.

Ne voudra-t-on pas voir que, dans l'ancien monde, il y a eu combat à mort entre l'intelligence et la force, que celle-ci a presque toujours triomphé comme force, et qu'elle a toujours été vaincue comme intelligence?

» Chaque idée a coûté des torrens de sang; c'était une terrible extrémité; mais, si l'on considère que souvent ce sang fut répandu par des hommes qui partageaient les doctrines de ceux qu'ils combattaient, on en viendra à reconnaître que le vice des sociétés humaines résultait du manque d'entente. Les hommes, isolés les uns des autres par le pouvoir, n'avaient aucune puissance de volonté : désormais, ils en auront une.

» Non, je ne pouvais pas céder. »

CHAPITRE XXV.

SCIENCE ET INDUSTRIE.

❈

Pour bien juger d'une chose il ne faut pas
épier, jour par jour, ses moindres développemens ; trop curieux de détails vous laissez vous
échapper l'ensemble ; en outre, blasé que vous
êtes sur ce que vous étudiez, habitué à prévoir
les événemens, vous ne pouvez pas opérer avec
une libre nouveauté d'esprit sur des faits qui
viennent à vous un à un et sans nœud qui les

lie. C'est pourquoi Brémond laissa s'écouler
un long temps avant que d'observer la mise
à exécution de ses théories. Un jour enfin il
s'arma de courage et il se mit à explorer son
monde.

Loin de sa demeure, au delà des premiers
champs cultivés, sur le penchant d'un coteau
naguère couvert de bois, s'élevait un amas
d'habitations qui commençait à prendre une
apparence de cité. La population, répandue
dans les campagnes environnantes, se livrait à
de pénibles travaux; un homme, vêtu avec
une sorte de recherche, se promenait à pas
lents dans la cité déserte. Il s'arrêta à l'aspect
de Brémond, et le salua d'un air respectueux.

« — C'est vous, Gottlieb !... » dit Brémond
avec étonnement; « que vous manque-t-il en-
» core? n'ai-je pas fait ce que vous avez voulu?

» — Où va ce reproche?

» — Pourquoi rester oisif quand toute la cité
» est au travail?

» — C'est que je suis souvent au travail
» quand toute la cité est oisive.

» — Je ne vous entends pas.

» — Il y a plusieurs genres de travaux dans
» ce monde et plusieurs sortes de capacités.
» Le temps que je consacrerais à la culture de
» la terre serait moins utile que le temps que
» je consacre à l'éducation des enfans.

» —Ah!..» dit Brémond en le regardant d'un
air pensif.

« — Tout service mérite un salaire. La cité
» cultive mon champ en échange des soins
» que je donne aux jeunes citoyens.

» — Etes-vous seul à exercer une industrie
» en dehors de l'industrie commune?

» — Les états commencent à naître. Par
» exemple, mon frère Diderich, adonné aux
» sciences mécaniques, n'avait pas manié la
» charrue jusqu'au jour de la dispersion de
» la famille. Aurait-il été juste que le fruit de
» ses études fût perdu et qu'il se mît à appren-
» dre un nouveau métier? La cité a recours à
» son talent, et elle cultive son champ comme
» elle cultive le mien.

» — Est-ce tout?

» —Autant de besoins, autant d'occupations
» diverses. Quand la société sera plus nom-
» breuse, plus avancée, quand elle aura créé
» un signe représentatif des richesses, elle ne
» paiera plus les services en nature, car jus-
» qu'à présent elle a été forcée d'admettre une
» égalité complète dans les capacités et dans les
» industries.

» — Vous devenez profond , » dit Brémond
avec un sourire amer et moqueur.

Gottlieb feignit de ne point entendre.

Sur ces entrefaites arriva Diderich. Après
les premières paroles adressées à Brémond :

« Frère , » dit-il , « c'est demain que s'assem-
» ble la cité. Tu sais que le sujet de la délibé-
» ration est important; je viens m'entendre
» avec toi là-dessus.

» — A quoi bon ? » répondit Gottlieb avec un
accent étudié ; « ce qu'on décidera sera bien
» décidé.

» — Oh! que nenni. Si nous laissions faire
» la masse, elle nous mettrait tous au même
» niveau, et j'aime à croire que nous comp-
» tons pour quelque chose. Après tout, la dif-
» férence est grande entre d'obscurs labou-
» reurs et deux savans tels que nous. »

A cette étourderie de paroles, Gottlieb de-
meura interdit; il aurait voulu, par un signe,
un geste, avertir Diderich de se tenir sur ses
gardes; mais Brémond ne le perdait pas des
yeux.

« — Qu'as-tu donc? » reprit Diderich, « je te
» trouve un air étrange... Or çà, » poursuivit-
il, « nous pouvons, tu le sais, compter sur
» plus d'une voix. J'ai rendu tant de services
» à la cité que j'y ai des amis par centaines;
» va réchauffer le zèle des tiens.

» — Quel est votre projet? » demanda Brémond.

« — Il est simple et raisonnable. Nous vou-
» lons qu'on nous confie l'administration de la
» cité.

» — Et pour y parvenir, vous osez faire vio-
» lence à la volonté de vos frères !

» — Qui parle de faire violence?

» — Ne cherchez-vous pas à créer une ma-
» jorité factice?

» — Factice!... je n'entends pas bien ce mot.
» Ou nous aurons la majorité, ou nous ne
» l'aurons pas.

» — L'auriez-vous si vous n'influenciez pas
» les volontés ?

» — Réponds donc à cela, Gottlieb. Sauf
» le respect que je dois à mon père, je sens
» que son objection n'est pas juste, mais les
» paroles ne me viennent pas pour le prou-
» ver.

» — Vous qui avez vécu dans l'ancien
» monde, » dit Gottlieb d'une voix mielleuse,
« vous savez mieux que moi si les majorités
» sont une production du hasard; elles ne se
» forment jamais spontanément; si l'on ne s'en-
» tendait pas pour concourir à une même vo-
» lonté, ou à deux volontés contraires qui se
» comptent, il y aurait autant de volontés di-

» verses que d'individus, et aucune solution ne
» serait possible.

» — Quand un seul objet est en question,
» c'est la discussion qui doit influer sur les vo-
» lontés.

» — Mais n'est-ce pas pour le bonheur des
» hommes que Dieu a créé les capacités ? Une
» capacité qui n'est pas à sa place est comme
» un champ livré aux orties. Dans l'intérêt de
» tous, chacun doit s'élever au rang qui lui est
» assigné.

» — Les capacités gouvernementales ne sont
» utiles que là où le peuple n'est pas libre : car,
» de quelque génie que soit doué un homme,
» le peuple en masse, pensant et agissant sur
» la place publique, exprimant hautement ses
» besoins, faisant nettement prévaloir sa vo-
» lonté, a encore plus de génie que lui.

» — Et le vouloir du peuple, qui donc se
» chargera de le faire exécuter ? Le peuple
» lui-même ? Ne faut-il pas un pouvoir exé-
» cutif ?

» — Où donc prenez-vous vos expressions ?

» — Elles viennent avec ma pensée, » répondit Gottlieb, mais après un moment d'hésitation.

« — Et si vous obtenez ce pouvoir, votre
» intention n'est sans doute pas de l'exercer
» sans profit pour vous-même?

» — La société doit à chacun le prix du
» temps qu'il emploie pour elle.

» — Fort bien. De là aux oisivetés qui dévo-
» raient jadis la substance du peuple, il n'y a
» qu'un pas.

» — Dans la cité est un homme qui se
» charge de quêter de maison en maison le
» tribut que vous doit chaque citoyen, et de
» le porter à votre demeure. La cité a estimé
» que le travail de cet homme suffisait pour
» l'exempter de tout autre. C'est pourtant une
» industrie bien secondaire, qui n'exige que
» du temps et des bras.

» — A merveille! Voilà tout trouvés les col-
» lecteurs d'impôts.

» — Or serait-il juste que des services

» d'une haute importance fussent assimilés à
» d'aussi minimes services ?

» — Gottlieb, » dit Brémond, « c'est vous
» qui avez causé la dispersion de la famille ;
» c'est vous qui amenerez la perturbation de
» l'état social.

» — Si ce n'avait été moi, » répondit Gottlieb avec calme, « ç'aurait été un autre.

» — Eh! mon Dieu! » reprit Diderich,
« pourquoi voir les choses en noir ? Il me
» semble, au contraire, à moi, que chaque
» jour ma condition s'améliore : car chaque
» jour une invention nouvelle me permet de
» me mieux vêtir, d'ajouter de nouvelles jouis-
» sances aux jouissances de la vie.

» — Adieu , » dit Brémond d'une voix étouf-
fée; « nous nous reverrons. »

Le cœur navré, la pensée triste, il s'ache-
mina vers la campagne. A peine y avait-il fait
quelques pas, qu'il rencontra Wilfrid, ruisse-
lant de sueur, et appuyé sur sa bêche.

« — Wilfrid! » s'écria Brémond avec joie, « mes leçons t'ont donc profité! Tu as enfin » compris que tout homme est né pour le » travail!

» — Père, que j'ai de plaisir à vous voir!

» — Ainsi tu as renoncé à tes rêves de la vie » sauvage!...

» — Oh! si l'homme pouvait être libre ici-» bas!... Mais l'est-il jamais?

» — Que dis-tu?

» — Une passion a parlé plus haut qu'une » autre dans mon cœur; j'ai pris femme, et » voilà comment je me suis trouvé enchaîné à » la cité.

» — Ne t'en plains pas; ton sort est bien » plus heureux.

» — Non, oh! non. Quand le ciel est serein, » quand le soleil darde ses rayons à travers un » air sec et pur, je tourne mes regards inquiets » vers la forêt; je me dis : Je serais maintenant » à courir après ma proie, ou à dormir sous » l'ombre fraîche des chênes; nul souci du » lendemain, nulle chaîne au pied qui me for-

» cerait de rester en place!... Alors même que
» l'orage déploie toutes ses fureurs, que la
» pluie et la grêle inondent la terre, et que je
» suis sous l'abri de mon toit, je pense que la
» feuillée du bois est assez forte pour résister
» à l'orage.... Mais avoir une femme et des en-
» fans qui n'aiment que la vie de la cité!...

» — Que te manque-t-il, Wilfrid? Dans les
» bois ta vie ne serait pas exempte de travail ;
» n'est-ce donc pas un travail que de courir
» après une proie que souvent on ne peut pas
» atteindre ?

» — Mais ici que de peines !

» — Ton champ est si bien cultivé qu'il te
» doit suffire au delà de tes besoins.

» — Ce champ n'est plus à moi.

» — Se peut-il ?

» —Je n'en accuse personne ; c'est ma faute.
» Je l'avais laissé tomber en friche. Un de mes
» frères a eu pitié de ma misère ; il m'a pro-
» posé de me nourrir, si je le voulais aider
» dans ses travaux, et j'ai accepté.

« — Malheureux ! » murmura Brémond.

» — Je ne suis pas le seul qui sois réduit à
» cette extrémité.

» — Et quel est votre espoir ?

» — Vos lois sont bonnes, père. Comme je
» concours au travail, je participe au produit.
» Si Dieu me seconde, si les récoltes se suc-
» cèdent abondantes et faciles , j'amasserai
» de quoi vivre un an, et je me ferai un
» champ nouveau sur la terre.

» — C'est sagement penser, » dit Brémond
qui voyait pour la première fois ses mesures
porter leur fruit. « En vérité, Wilfrid, j'ad-
» mire quel développement a pris ton esprit !

» — Père, on devient habile à ses intérêts
» quand on les discute et quand on les entend
» discuter tous les jours.

» — Eh ! oui, » s'écria Brémond avec une explosion de joie. « Voilà ce qu'on ne voulait
» pas croire dans l'ancien monde. « Le peuple
» est ignorant !... le peuple est incapable de
» comprendre ses intérêts !... » Aveugles ! te-
» nez donc un enfant dans un maillot perpé-
» tuel, et étonnez - vous, quand, devenu

» homme, il ne peut pas se servir de ses jam-
» bes !... Et, dis-moi, car tu me parleras fran-
» chement, comment va la cité ?

» — Père, » dit Wilfrid en secouant la tête,
« il s'y passe des choses qui nous donnent à
» penser à tous. Je n'ai pas toujours bien
» compris ce que vous nous avez dit dans l'o-
» rigine ; mais j'entends aujourd'hui, certaines
» gens tenir un langage qui n'est pas le vôtre.

» — Quels sont ces gens ?

» — Gottlieb et ses amis. Déjà ils ont tenté
» d'établir une distinction entre ceux qui pos-
» sèdent et ceux qui ne possèdent plus ; nous
» avons résisté ; mais je crains bien que nous
» ne finissions par succomber.

» — Cela ne sera pas, » dit Brémond.

« — N'est-il pas vrai, que ce serait injuste ?...
» Mais Gottlieb exerce un grand pouvoir dans
» la cité, et les enfans qu'il élève ont une ma-
» nière extraordinaire de voir les choses.

» — Que signifie ceci ? » murmura Brémond
d'un air préoccupé !

« — Ah ! ce Gottlieb nous fera bien du mal.

« — Il faut que je le force à s'expliquer, » dit Brémond; et il partit brusquement.

Gottlieb était assis devant une petite table couverte de livres, et il semblait absorbé dans ses réflexions. En voyant entrer Brémond, il se troubla, et jeta précipitamment son manteau sur la table comme pour cacher aux yeux ce qui y était étalé.

Brémond, l'air sévère, les bras croisés, resta long-temps muet; puis il dit d'une voix sourde :

« — Gottlieb, on se plaint de vous.

« — Chacun a ses ennemis, » répondit Gottlieb en se remettant peu à peu de son émotion.

« — Quelle éducation donnez-vous à ces » enfans?

» — Je leur enseigne ce que vous-même » nous avez enseigné.

» — C'est faux. »

Gottlieb rougit et baissa les yeux.

« — Quel est le livre où vous lisiez quand
» je suis entré?

» — Un livre ! » balbutia Gottlieb en jouant
la surprise.

» — Donnez-le-moi.

» — En vérité, j'ignore... »

Mais Brémond enleva le manteau d'une
main rapide, et une centaine de volumes, reliés
avec soin et couchés les uns sur les autres,
parurent au grand jour.

« — De qui tenez-vous cela ?

» — C'est mon secret, » répondit Gottlieb
d'un air de résolution; « nul n'a le droit de me le
» demander, et nul ne le saura.

» — Gottlieb, je vous ordonne...

» — Jamais. »

Brémond vit bien, à l'air du jeune homme,
que tous ses efforts seraient vains. Il se mit
à interroger, un à un, le dos des volumes, et
il vit... Non, un maire de Paris qui aurait découvert des germes de peste dans son arron-
dissement, un architecte qui verrait le feu

s'introduire dans un monument dont il acheverait à peine la construction; M. Casimir Périer se rencontrant nez à nez avec une émeute; M. Sébastiani forcé de faire la guerre; un roi, légitime ou non, entendant du fond de son palais des cris de république, n'auraient éprouvé ni plus de terreur ni plus de désespoir. Il vit... Rêves brillans de bonheur et de liberté, soins assidus donnés à l'éducation des hommes, où deviez-vous aboutir? Dans cette vallée de misère, l'impossibilité du bien est-ce donc le péché originel dont chaque homme porte la peine?...

Mais que vit Brémond?... Ce qu'il vit!... ce qu'il vit !!... Les œuvres de M. Guizot, les discours de M. Royer-Collard dorés sur tranche, un briquet phosphorique... le remède à côté du poison, mais le poison !!!... On n'a pas le cœur de poursuivre. Achevez la scène.

CHAPITRE XXV.

« — Etes-vous content de votre explora-
» tion ? » demanda la comtesse.

« — Je suis anéanti ! » répondit Brémond
en se laissant tomber sur un siége.

« — Mon ami, qu'avez-vous ? » dit Sara.

« — Tout est bouleversé, tout est perdu ;
» il n'y a plus de société possible.

» — Je le crois bien ! » s'écria la baronne

d'un air de triomphe ; « faites donc l'étonné ;
» comme si on ne vous l'avait pas prédit !

» — Eh, oui ! » dit la marquise. « Il va s'a-
» muser à faire une république !

» — Une république, grand Dieu ! » s'écria
la baronne. « J'attendais qu'il y eût de la ca-
» naille pour voir l'échafaud dressé à toutes
» les cornes du bois : car la république c'est
» un homme dans le délire de la fièvre ; il faut
» qu'il casse, qu'il brise....

» — Enfin nous en sommes débarrassées !

» — Quelle idée aussi ! » reprit la baronne ;
« un Français, un homme bien né, à qui l'on
» a dû raconter cent fois les horreurs de 1793,
» et qui s'avise d'être républicain !... Une ca-
» naille bien bridée, une bonne noblesse, avec
» de beaux châteaux, à la rigueur un bout de
» parlement pour les jeunes hommes du
» Tiers, classe bavarde et rechignée de sa na-
» ture, voilà ce qu'il nous faut.

» — Et le clergé ? » dit l'Italienne, « le clergé?

» — Vous avez raison, » reprit la baronne ;
« dans le feu du premier mouvement on ne

» saurait penser à tout. Oui, un clergé bien
» renté, qui dresse le peuple à la bonne guise.

» — Avec cela on marche droit, et quand le
» peuple a de belles processions dans la rue,
» il s'y amuse plus qu'à des émeutes et à des
» discussions.

» — Que je vous embrasse, marquise !

» — De tout mon cœur, baronne.

» — Eh bien ! milady, est-ce que vous ne
» pensez pas comme nous ?

» — Je vous avoue, » dit froidement Sara,
« que j'ai beaucoup de goût à la liberté.

» — La liberté ! la liberté ! Que savez-vous
» de la liberté ? c'est un mot sonore, mais plus
» vague qu'une harpe éolienne.

» — La liberté, c'est d'être marquise ou
» baronne, avec cent mille écus romains de
» *renduta*.

» — Mesdames ! » dit la Française en secouant doucement la tête, et en les avertis-
sant de l'œil, car elle vit que Brémond était
près d'éclater. « Mon ami, » reprit-elle d'une
voix caressante, « qui vous trouble si fort ?...

» Je viens aussi d'examiner votre monde, et j'ai
» eu peine à y trouver quelque chose qui me
» choquât.

» — Vraiment? » dit Brémond en poussant
un soupir d'allégement.

« — Milady était avec moi; je la prends
» pour juge.

» — Vous savez, mon ami, quelles sont mes
» idées, » dit Sara; « et, à part la religion chré-
» tienne, je trouve que rien ne manque à votre
» société.

» — Assurément je suis trop sincère pour
» vous dire que vous avez résolu le problème
» du bien absolu; vous ne me croiriez pas.

» — Non, sans doute, » dit tristement Brémond.

» — Mais, » poursuivit la comtesse, « tout
» marche nettement et avec ordre; aucun inté-
» rêt exceptionnel ne prévaut sur l'intérêt gé-
» néral, et le citoyen a toute la liberté qu'il
» lui est donné d'avoir.

» — Bonnes amies! » dit Brémond en leur

prenant la main; « vous n'imaginez pas le
» bien que vous me faites.

» — Allons, enfant! » reprit la comtesse
avec un doux sourire; « pour un petit mé-
» compte, faut-il dès le premier pas vous tirer
» en arrière?

» — Non! non! » s'écria Brémond en retombant dans sa noire huméur; « c'est fait de la
» liberté, c'est fait du monde!

» — Bonté divine! qu'avez-vous donc vu?

» — Ah! Sara! ah! Emilie!... un instant
» renverser l'œuvre de tant d'années!

» — Revenez à vous, Brémond.

» — Quelle mouche le pique? » dirent la
baronne et la marquise en faisant cercle autour de lui avec la comtesse et Sara.

« — Quoi! toujours un malin génie enchaîné
» à poursuivre les hommes!... J'ai vu.... j'ai
» trouvé... des livres chez Gottlieb.

» — Des livres!... » s'écria la comtesse « où
» les a-t-il pris?

» — Voilà le mystère.

» — Sont-ils amusans? » demanda la marquise.

» — Et quels livres! » reprit Brémond.

» — Est-ce que monsieur ne voudrait pas
» de la liberté de la presse dans sa république?

» — Les œuvres de M. Guizot!

» — Qu'est-ce que M. Guizot? » dit la marquise.

» — Ma chère, » répondit la baronne, « c'est
» le mari d'une dame qui faisait des romans.

» — Les doctrines que Gottlieb a puisées
» dans ces livres, et qu'il cherche à propager
» avec l'ardeur d'un néophyte, auraient déjà dé
» quoi m'alarmer; mais jugez quelle doit être
» ma perplexité quand je me mets à rechercher
» de quelle main Gottlieb a reçu ce fatal pré-
» sent!

» — Je conçois votre inquiétude.

» — Qui donc a pu...? » Pour la première fois,
depuis son arrivée dans ce nouveau monde,
Brémond se surprit alors à penser au vaisseau
qui portait les 221. « Juste ciel! » s'écria-t-il,
« c'est eux!... Oui! » reprit-il en laissant tom-

ber sa tête sur sa poitrine. « En entendant
» Gottlieb me parler d'aristocratie, j'ai senti
» une odeur de doctrinaire... Plus de doute !
» Ils ont abordé sur cette terre; ils me la vont
» infecter.

» — Il paraît, » dit tout bas la marquise à
la baronne, « que ces doctrinaires vont nous
» débarrasser des institutions républicaines ?

» — Oui, » répondit la baronne; « c'est pour
» cela que Dieu les a créés et mis au monde.
» Ce sont les plus forts escamoteurs de liberté
» que je connaisse. Les rois prometteurs ne
» sont rien auprès.

» — Qu'ils viennent vite !

» — Au lieu de perdre courage, » dit Sara,
« remontez à la source de tout ceci. Voici jus-
» tement venir un habitant de la cité.

» — C'est notre pourvoyeur. Qu'il soit le
» bien-venu, » dit la marquise.

» — Approche, » dit Brémond. « Connais-tu
» Gottlieb ?

» — Gottlieb le savant ? beaucoup.

» — As-tu remarqué qu'il fréquentât d'au-
» tres hommes que ceux de la cité ? »

Le pourvoyeur se troubla.

« — Tu n'as rien à craindre : parle.

» — D'autres hommes!... Je crois qu'il n'y
» en a qu'un autre au monde : c'est Alfred
» l'exilé. Est-ce de lui que vous voulez parler ?
» Eh bien !... Mais vous me promettez de ne
» pas me trahir !

» — Je te le promets, » dit Brémond. « Déjà
» tant d'influence ! » pensa-t-il.

« — Eh bien ! souvent, la nuit, Alfred vient
» trouver Gottlieb, et ils restent jusqu'au
» jour ensemble.

« — Mène-moi vers Alfred, » dit vivement
Brémont en se levant.

CHAPITRE XXVI.

L'EXILÉ.

Sous les plus sombres voûtes de la forêt, dans une savane dont les abords semblaient impénétrables, s'élevait une hutte construite avec des troncs d'arbres et recouverte de terre et de feuillage. Jamais cabane de sauvage n'offrit un aspect plus misérable; et toutefois, le seuil franchi, vous trouviez dans cette grossière habitation tout ce que, dans l'ancien monde, les arts avaient pu inventer de plus recherché pour les jouissances du luxe. Sur la terre, à peine battue, s'étendait un tapis dont la laine moelleuse figurait deux branches de lis entrelacées ; près d'un riche divan était une table d'acajou ornée de bronzes et de cristaux ; des fusils de Versailles d'un travail parfait, d'une ciselure exquise, pendaient aux murailles tendues de soie cramoisie. On ne s'engagera pas dans la description des autres pièces ; il suffit qu'on ait indiqué le contraste de cette demeure de petit maître avec la nature sauvage et primitive qui l'entourait.

Telle était l'habitation de l'exilé. Brémond la parcourait d'un regard triste et distrait, lorsque, au bruit qu'il avait fait d'abord, Alfred, suivi de ses quatre fils, entra brusquement dans la salle. A la vue d'un étranger, l'aîné des enfans sauta sur une arme ; mais Alfred le contint du geste, et, s'avançant vers Brémond :

« — Vous ici, mon père ! » dit-il. « Venez-

» vous tendre à ma misère une main secou-
» rable?

» — A votre misère !... Certes, si j'en juge
» par ce que je vois, ce mot a droit de m'é-
» tonner dans votre bouche.

» — Eh! n'est-ce pas une misère atroce,
» insupportable, que de vivre séparé des hom-
» mes, de ne pouvoir échanger avec eux ni
» une parole ni un regard, de n'avoir que soi
» pour appui au monde!

» — C'est un juste châtiment de votre crime.

» — Oui, » dit Alfred en poussant un soupir,
« j'ai mérité mon sort; mais, mon père, il n'y
» a pas de malheur éternel sur cette terre.

» — Alfred, » reprit Brémond d'un air sévère, « il est un vice que je méprise au delà
» de tous les autres, et c'est l'hypocrisie.

» — Est-ce à moi que ce reproche s'adresse?

» — Vous osez vous plaindre de votre iso-
» lement, quand j'ai la preuve que vous entre-
» tenez avec un de vos frères des rapports de
» tous les jours! L'oserez-vous nier?

Alfred réfléchit un moment, puis d'un air délibéré :

« — Je ne le nierai point; je ne sais pas
» mentir. Mais n'est-ce pas un malheur sans
» égal que de ne voir son frère qu'à la dérobée,
» d'être obligé de se cacher à tous les yeux,
» de n'oser s'aventurer que la nuit près de la
» demeure des hommes, et de fuir dès que
» vient le jour, comme une bête féroce?

» — Alfred, vous ne me parlez pas de vos
» remords.

» — Père, » dit Alfred en pâlissant : « Si
» vous saviez combien de fois son image san-
» glante m'est apparue dans les ténèbres !

» — Te voilà comme je te voulais, » dit
Brémond d'un air de bonté et en lui prenant
la main. « Je t'ai puni, je le devais faire; mais
» crois que mon cœur a saigné plus d'une fois
» à ton ressouvenir.

» — Que Dieu vous accorde un bonheur
» sans mélange, pour toutes les bonnes pa-
» roles que vous me venez de dire !

» — Le bonheur ! » reprit Brémond. « Hé-

» las ! sur cette terre, c'est un songe sans ré-
» veil. Quelle que soit la condition d'un
» homme, si, en ouvrant les yeux à la lumière,
» il lui était donné de voir se dérouler la lon-
» gue alternative de bien et de mal qui com-
» posera sa vie, il se rejetterait en arrière, et
» prierait le ciel de lui rendre son néant.

» — Je vous crois, et pourtant il est des mo-
» mens où il est doux de vivre. »

Brémond garda quelque temps le silence.

« — Alfred, » reprit-il, « je te viens deman-
» der une grâce.

» — Une grâce, mon père !

» — J'ai vu des livres chez Gottlieb...

» — Des livres ! » dit Alfred en se troublant.

» — Il ne les peut tenir que de toi.

» — Pourquoi cette idée ?

» — Et toi-même, ces tapis, ces riches ten-
» tures, ces armes damasquinées, produit de l'in-
» dustrie de l'ancien monde, où les as-tu pris ?

» — Mais, mon père, déjà dans votre société
» s'élève une industrie...

» — Ne me trompe pas ; il ne t'en resterait

»que la honte. Ici près sont des hommes,
»échappés, comme moi, au naufrage de l'es-
»pèce humaine.

» — Qui a pu vous dire ?

» — Je les connais... Avoue-le.

» — Il est vrai.

» — Tu les vois souvent?

» — J'en conviens.

» — Malheureux monde! » pensa Brémond.
« Combien sont-ils? » reprit-il à haute voix.

« — Près de deux cents.

» — Leurs noms?

» — Les uns s'appellent *honorables*, les au-
»tres *votre seigneurie*.

» — Que font-ils ?

» — Des discours et des lois.

» — Pour qui ?

» — Pour eux. En outre le chef entretient
»une correspondance avec Gottlieb.

» — La correspondance est donc la maladie
»de M. Royer-Collard! » s'écria Brémond.

« — Royer-Collard! Oui, c'est bien le nom
»du chef.

» — T'a-t-il jamais parlé de moi ?

» — Mon père... » dit Alfred en hésitant.

« — Parle hardiment.

» — Quand je lui ai raconté, d'après Gott-
» lieb, comme quoi la famille s'était dispersée
» et quel gouvernement vous aviez fondé, il a
» dit, en prenant sa perruque rousse dans ses
» deux mains : « C'est un homme de juillet ! »
» Et M. Guizot a répété d'une voix lamentable :
« Homme de juillet ! » M. Dupin s'est écrié :
« Un coupeur de bourse ! » et l'honorable
» M. Jars, en louchant de ses deux yeux, a
» dit à M. Persil : « Vite un réquisitoire !... »
» Alors les deux chambres...

» — Et tout cela après la fin du monde ! Je
» crois rêver.

» — Alors les deux chambres se sont as-
» semblées en comité secret...

» — En comité secret !... Il y a donc un
» peuple, un public, quelqu'un qui n'est pas
» eux ?

» — Nullement. Ils sont seuls.

» — Mène-moi vers eux ! » dit Brémond.

» — Mais ,... père ,... il y a dix jours de
» marche.

» — N'importe.

» — Au moins, promettez-moi de ne leur
» pas faire de mal. Ils sont si vieux ! et puis,
» je les crois tous un peu fous.

» — Que pourrait un homme contre deux
» cents ?

» — J'entends bien ; mais vous êtes un
» homme de juillet, vous : et il paraît qu'un
» seul suffit pour leur donner une fièvre de
» peur.

» — Sois tranquille. Marchons... Je tiens
» le fil ; puissé-je réussir ! »

LE CERCLE VICIEUX.

CHAPITRE XXVII.

LA CITÉ DOCTRINAIRE.

Que n'êtes-vous habitans de l'ancien monde!... le livre de M. Caillé serait venu jusqu'à
vous; vous l'auriez feuilleté dans vos heures
de loisir pour vous reposer de l'irritation cau-
sée par une pasquinade de M. Dupin, ou la
lecture d'une feuille du *juste milieu;* et, par
ainsi, on laisserait là la description de la ville
doctrinaire, on vous tirerait sa révérence, et

l'on irait droit à d'autres faits. Mais quand on vous aura dit que rien sous le soleil ne ressemblait plus à Temboctou que la cité Royer-Collard, qu'en saurez-vous ?

D'autre part, serez-vous gens à vous émerveiller devant un vaste amas de huttes entassées sans ordre, où bourdonnent deux cents graves législateurs vêtus de noir, et défilant, par les deux bouts, un long chapelet de phrases banales dont ils avaient assourdi le monde passé ?

Une seule chose méritait d'attirer un moment les regards; c'est le vaisseau qui avait porté les 221 sur les vagues émues du déluge. On l'avait traîné, à grands efforts de bras, au milieu de la ville, à peu près comme on avait planté l'élément aristocratique au sein de la révolution de juillet, et sous un écusson aux fleurs-de-lis (il était difficile, au premier aspect, de voir s'il était ou non brisé d'un lambel) on avait gravé ces mots en caractères gothiques : CHAMBRE DES DÉPUTÉS. Car ces messieurs n'en voulaient pas démordre; le déluge les eût-il engloutis dans ses abîmes, ils se seraient réveillés députés dans le purgatoire pour ajouter aux tourmens des âmes éprouvées.

En examinant la vaste machine, autre cheval de bois par où les 221 étaient entrés dans le monde nouveau, comme jadis les Grecs dans Pergame (*Hoc inclusi ligno occultantur Achivi*), Brémond avisa un homme qui se prélassait au soleil. Il pensa qu'il en pourrait tirer quelques éclaircissemens préalables, et il se dirigea vers lui. Quelle fut sa surprise de trouver là, au milieu de la tourbe doctrinaire, son ami le Pococurante!

— « Eh quoi! c'est vous! » lui dit-il; « que » cette rencontre m'est douce!

» — Vous le voyez! » répondit phlegmatiquement le Pococurante; « c'est moi, mais » plus ennuyé que jamais.

» — Et maudissant la vie, sans doute. Votre

» philosophie n'a pas résisté à toutes les épreu-
» ves. Ces gens-ci ont enfin ému votre bile.

» — Pourquoi cela ? Hommes pour hommes,
» sottises pour sottises, je m'accommode aussi
» bien des doctrinaires que des autres.

» — Alors qui vous ennuie?

» — Eh! mon Dieu! qui m'amusait dans
» l'autre monde? Ce qui me déplaît de la vie,
» c'est qu'elle est réglée comme une horloge;
» jamais rien d'inéprouvé, d'inattendu.

» — Plaignez-vous donc, vous qui avez as-
» sisté à la fin du monde !

» — Je m'étais fait de ce spectacle une plus
» grande idée; j'aime autant un débordement
» de torrent, un changement à vue à l'Opéra, la
» moindre chose.

» — Ainsi vous, mon ami, vous le mondain
» par excellence, qui, ne croyant point au
» plaisir moral, vous mettiez avec fureur à la
» recherche des plaisirs des sens, vous dont
» l'appartement était un boudoir de fées, une
» espèce de palais asiatique, vous trouvez que

» dans ce pays sauvage votre vie est aussi
» douce que par le passé !

» — Si je ne le trouvais pas, je serais bien
» plus malheureux. J'estime peu l'homme qui
» s'exhale en plaintes, qui s'épuise en regrets :
» il ne comprend pas la vie.

» —Mais enfin, quand vous avez échappé au
» déluge, vous avez dû ressentir un mouvement
» de plaisir !

» — Aucun. Je me suis dit : L'horloge n'est
» pas encore arrêtée ; l'aiguille tournera au-
» jourd'hui, sous le temps, comme elle y tour-
» nait hier.

» — Pour moi, j'ai mis à profit...

» — Oh ! » répondit Pococurante avec un
sourire, « je sais votre histoire. Vous avez créé
» une société admirable, ma foi ! une répu-
» blique à la Platon, une république à quoi
» rien ne manque, si ce n'est la durée.

» — Il me semble, » dit Brémond avec un
ton mêlé d'amertume, « il me semble que ma
» république n'est pas encore renversée.

» — Non ; pas plus que le chêne dont un

» ver ronge le cœur. Il ne tombe pas aux pre-
» mières attaques, mais il chancelle.

» — On peut écraser le ver, » dit Brémond
en frappant avec colère la terre du pied.

« — Le mal est fait.

» — Que n'ai-je un caractère comme tout le
» monde! » reprit le Pococurante; « je m'en don-
» nerais ici à cœur joie. Jamais Dieu n'a laissé
» tomber de ses paternelles mains des êtres
» plus amusans que ceux avec qui il m'est donné
» de vivre.

» — Amusans, dites-vous! Certes, d'un autre
» que vous, je ne le croirais guère.

» — Pauvre dupe, qui vous laissez toujours
» prendre aux apparences! vous avez une can-
» deur digne des premiers âges. Je gage qu'à Pa-
» ris vous croyiez aux promesses royales...

» — Pas toujours.

» — A l'intégrité des magistrats...

» — Là dessus je savais à quoi m'en tenir.

» — Eh bien! mon ami, ôtez à un doctri-
» naire son enveloppe de pédanterie, et vous
» trouverez parfois un homme aimable. D'ail-
» leurs, ce n'est point en ce sens que je l'en-
» tendais. Ces gens-ci me tireraient presque
» de mon apathie, si quelque chose m'en pou-
» vait tirer. Juillet leur avait dérangé le cer-
» veau, la fin du monde les a rendus fous,
» mais je dis fous achevés.

» — Ils étaient depuis long-temps sur la
» route.

» — Il faut les voir! il faut les entendre!
» Vous ne me croiriez pas à mon récit. Ils ont
» organisé un gouvernement qui est bien la
» plaisanterie la plus originale!

» — Un gouvernement!

» — Et parfait! Nous avons d'abord deux
» chambres... Vous les connaissez.

— » Hélas! oui. Voilà long-temps que je
» croyais en être quitte.

» — Un conseil admirable...

» — Je donnerais beaucoup pour voir cet
» admirable conseil.

» — Vous l'avez vu à Paris pour quinze
» cents millions de budget.

» — Quoi ! c'est le même !

» — Faites-donc l'étonné ! Est-ce que les ré-
» volutions, la fin du monde changent quelque
» chose maintenant ? on est trop civilisé pour
» cela. Si M. de Polignac n'avait été condamné
» qu'à un an de prison, au sortir du château
» de Ham M. Casimir Périer l'aurait pris pour
» collègue... Nous avons, en outre, un roi lé-
» gitime...

» — Quasi ou tout-à-fait ?

» — Tout-à-fait, morbleu ! Et voici com-
» ment on s'y est pris. Le déluge a dû englou-
» tir Holyrood et la branche aînée ; or, le mort
» saisissant le vif, si Louis-Philippe ou l'un de
» ses fils ont eu l'heur de survivre à la catas-
» trophe, la légitimité les a bien et dûment
» saisis ; et ils sont, l'un ou l'autre, roi de
» France et de Navarre par la grâce de Dieu.
» M. Guizot vous expliquera ce petit phéno-

» mène par un long enchaînement de raison-
» nemens philosophiques, à quoi il faut tirer
» son chapeau et demeurer soumis. Nous
» avons donc poussé dédaigneusement la quasi
» du pied comme une orange dont on a tiré
» le suc jusqu'à parfait épuisement, et nous
» sommes rentrés dans la tant douce et tant
» commode légitimité. Que la nation s'avise
» maintenant de s'associer contre le droit di-
» vin! M. Dupin invoquera la loi martiale, et,
» après les trois sommations d'usage, il tuera
» la nation... Il est vrai qu'il n'y a plus de na-
» tion; mais en revanche nous avons toujours
» les deux Dupin.

» — Et le conseil de la quasi est aussi le con-
» seil de la tout-à-fait?

» — Charles X congédiant Polignac avant
» les ordonnances en aurait-il choisi un autre,
» lui qui avait une amitié si particulière pour
» M. Périer, qu'il prenait un ton aimable et
» gracieux pour l'appeler Périer tout court?

» — Oui, j'entends.

» — Voilà donc notre gouvernement; il n'y
» manque rien, si ce n'est un peuple.

» — C'est peu de chose en effet.

» — Et, comme je n'étais, avant la comète,
» ni pair ni député, c'est moi qui suis le
» peuple. Ils me défendent de m'ameuter, de
» m'associer, de manifester le moins du monde
» mon opinion; à tel point que je me plaignais
» l'autre jour du potage, et M. Persil y vit un
» propos séditieux... C'est exactement comme
» autrefois.

» — Et que faites-vous?

» — Quand je daigne m'occuper d'eux, je
» leur ris au nez.

» — Vous entendez fort bien votre métier
» de peuple... Une difficulté me vient à l'esprit :
» Que représentent ces messieurs?

» — Le peuple, c'est-à-dire moi.

» — Est-ce vous qui les avez nommés?

» — Pas plus que le peuple de juillet.

» — Et comment concilient-ils tout cela
» dans leur cerveau?

» — Ils ont réponse à tout. Chacun d'eux a

» planté dans son jardin un grand poteau où
» est écrit le nom de son département ; il dresse
» la liste électorale , se nomme à l'unanimité,
» et représente beaucoup mieux l'opinion de
» son jardin qu'il ne représentait autrefois
» celle du peuple de sa province.

» — A merveille.

» Autre difficulté. Jadis il y avait une mois-
» son annuelle, un budget bien nourri, bien
» empâté par les soins de l'abbé Louis. De
» quoi vit-on ici ? d'air ou d'idées ?

» — Vous avez touché le point délicat, » répondit le Pococurante : « Plus de riches em-
» plois, plus de grasses sinécures ; s'il n'y a
» point de consciences achetées , ce n'est pas la
» matière qui manque. Ces doux aristocrates
» sont devenus autant de prolétaires.

» — La métamorphose doit être curieuse.

» — Chacun exerce une industrie et travaille

» de son mieux à conjurer la faim. J'ai vu l'au-
» tre jour l'aîné des Dupin jeter un regard de
» rage sur des monceaux d'or devenus sans
» valeur, et se mettre, en robe de procureur-
» général, à ressavater ses souliers.

» — Quoi! monsieur le garde-des-sceaux en
» herbe...

» — Il chausse les deux chambres.

» — Et M. Casimir Périer?

» — Monsieur le président du conseil cu-
» mule; il est pâtissier et marchand de char-
» bon.

» — Pour le coup, j'espère que son charbon
» ne vient plus des mines d'Anzin. En 1830
» ce charbon-là nous a coûté la Belgique.

« — Quand monsieur le président du con-
» seil est à son four, c'est lui qui pétrit la
» pâte; M. Decazes la souffle, et M. de Lameth
» la débite. Qu'il est beau, ce vénérable M. de
» Lameth, lorsqu'il crie les *petits pâtés de*
» *monsieur le président du conseil*, entre un
» accès de toux et une diatribe contre l'anarchie!

» — Je n'ose pas vous interroger sur M. Sé-
» bastiani.

» — Et bien vous faites, car vous devez de-
» viner l'industrie de ce grand homme d'état. Il
» a repris le marteau paternel, et il intervient
» dans nos tonneaux.

» — M. Persil ?...

» — Pour celui-ci, c'est une autre histoire : il
» veille sur les récoltes. On l'a chargé de faire
» peur aux moineaux, et il passe sa journée à
» épingler ses réquisitoires au haut des écha-
» las, pour servir d'épouvantails.

» — Vous ne me parlez pas de M. Jars.

» — Il y a eu un long scrutin de ballotage
» entre lui et M. Persil. Le *torvus oculus* de
» M. Jars plaidait très-haut en sa faveur, mais
» les qualités morales de Persil l'ont emporté,
» et Jars, qu'on désespérait de rendre bon à
» quelque chose, a été nommé d'une com-
» mune voix huisser de la chambre. Son atti-
» tude de gladiateur romain le sert à souhait
» dans ce rôle.

» — Je m'évertue à chercher le métier de
» M. Guizot.

» — M. Decazes l'a pris pour aide-cuisine;
» et il tient le juste milieu entre le soufflet
» et le fourneau.

» — Où a-t-on mis M. de Montalivet ?

» — A la charrue. M. de Schonen préside
» aux vendanges; le fretin laboure, chasse,
» fend du bois, dans l'intervalle des séances.

» — Vous avez beau dire, » poursuivit Brémond : « vous êtes un heureux mortel. Dans
» l'ancien monde, messieurs les doctrinaires
» avaient déjà l'art de nous divertir beaucoup,
» et ils n'étaient pas aussi plaisans que dans
» celui-ci.

» — Trouvez-moi donc un sujet d'amuse-
» ment qui résiste à deux jours de durée! An-
» cien monde, monde nouveau, tout est vrai-
» ment d'une désespérante monotonie.

» — Je conçois en effet que vous devez vous
» laisser aller souvent à l'irritation.

» — A l'irritation ! Quelle sottise !

» — Quoi ! vous contemplez tous ces fous
» d'un air impassible?

» — Mais oui.

» — Et vous ne riez pas de les voir porter des
» lois qui ne seront jamais exécutées !

» — Autant en faisaient-ils, avant la Comète,
» sur le quai d'Orsay. Leur folie n'est pas
» gaie.

» — Pour moi je brûle de les entendre, de-
» puis que je ne les crois plus dangereux.

» — La séance est ouverte ; il y a des tribu-
» nes publiques.

» — Ont-ils aussi des gardes nationaux?

» — Ils en ont peint deux sur la porte en
» guise de gendarmes.

» — Allons ! Allons ! » pensa Brémond en
grimpant à l'échelle, « j'avais tort de m'alarmer;
» j'aurai bientôt raison de ces messieurs. »

CHAPITRE XXVIII.

LA SÉANCE.

*

A un honnête Parisien de l'an de grâce 1831
qui se serait morfondu deux ou trois heures
sur le quai d'Orsay à la rage du vent et de la
pluie, ou qui aurait eu le bonheur de connaître un honorable et d'en obtenir une carte
privilégiée, le même spectacle que celui dont
Brémond fut témoin aurait été offert. C'était
aussi une salle provisoire, construite en bois

et éclairée par des jours de souffrance ; seulement les cinq drapeaux tricolores, révolutionnaire trophée, qui cachaient les emblèmes de la dynastie déchue, et sous quoi M. Delessert présidait si mal à l'aise, avaient disparu ; avec eux avait disparu aussi toute l'extrême gauche. On eût dit une chambre élue en vertu des amendemens Decazes et sous l'influence des colériques circulaires de M. Casimir Périer.

La tourbe doctrinaire bourdonnait autour de la tribune vide. Là brillait l'illustre aîné des Dupin, à la parole bouffonne, au geste avocasseux ; estimable citoyen qui, à l'instar de ce statuaire de l'antiquité pâlissant sur un bloc de marbre de Paros pour en faire sortir une Vénus, s'était fait riche en désespoir de se faire beau. Près de lui était le baron son frère qui appliquait la science à de graves niaiseries, et aurait passé à calculer combien de gouttes d'eau contient un verre plein, le temps qu'Arago aurait mis à continuer Newton et Laplace, baron de fraîche date, homme souple qui, vivant en parfaite santé sous tous les ré-

gimes, avait de la demi-statistique au service
de monseigneur le dauphin comme à celui de
M. le duc d'Orléans; *Arcades ambo*, Nivernais
tous les deux, l'aîné portant le menton à l'ouest,
le cadet pirouettant des genoux. Entre M. de
Salvandy et M. de Lameth, le bas et le haut
de l'échelle doctrinaire, l'un jeune adepte tout
confit de savantes paroles, l'autre vieux réné-
gat dont le linge n'avait pas subi une complète lessive, celui-ci redévenu enfant, celui-là
l'étant encore, se tenait M. Persil, ce bras de
la quasi, dont MM. Guizot, Decazes et Périer
étaient l'âme; M. Persil, le réquisitoire incarné,
le réquisitoire fait homme, et qui demandait
une tête à son réveil comme vous demandez
un verre de chicorée. Le beau M. Jars qui,
n'eût été son œil un peu aventuré, sa bouche lyonnaise, son nez sec et pincé, son corps
tout d'une venue, ses bras courts, son teint
blafard et sa démarche d'antichambre, aurait
eu quelque chose de l'Apollon; M. Jars, dont
le visage presque humain et l'air de parfait
contentement faisaient l'ambition et le déses-

poir de l'aîné des Dupin, se tenait révéren-
cieusement derrière M. Persil pour lui prêter
au besoin l'aide de ses mains vigoureuses. La
force physique était le propre talent de ce législateur; comme orateur il était à Mirabeau
ce qu'il était, comme homme, à l'Apollon.
M. Guizot, avec ses yeux caves, son front com-
primé, son air méditatif et sa parole agoni-
sante, se tenait à l'écart; le maître avait soin de
lui jeter chaque matin une idée à ronger, et il la
rongeait dans un coin. Au banc des ministres,
M. Louis sec comme un chiffre, M. d'Argout à
la tête mobile comme une girouette de clocher,
ce ravissant M. de Montalivet à qui l'on avait
laissé le département de l'instruction publique
dans l'espoir qu'il y ferait enfin son éducation,
et ce belliqueux maréchal Soult qui, parlant
tout haut de guerre au peuple et tout bas de
paix à la *Camarilla*, bourrait son fusil avec
un cierge de procession en guise de baguette,
étaient complètement effacés par M. le président du conseil, traitant frotté d'un air de
cour, qui se croyait fort parce qu'il était colé-

rique, et résolu parce qu'il était impatient. Le reste ne vaut pas qu'on le nomme.

Perdu dans les sinuosités des centres, mais dépassant tous ses voisins de la tête, était un homme dont le plus petit geste, la moindre échappée de toux mettait toute la Chambre en émoi. Sous une perruque rousse, artistement peignée, se développait un front large et court que sillonnaient trois rides en lignes irrégulières et fantasques ; dans les replis de ce front se cachait la pensée des 221. Un nez bizarre, des yeux fixes, d'une indéfinissable expression, mais toujours froids et ternes, une bouche demi-railleuse, demi-philosophique, un menton insignifiant, le tout porté sur un corps raide et lourd, voilà l'homme physique. Jamais visage ne fut plus empreint du caractère monacal ; il y avait là du jésuite, du capucin, du bénédictin et du carme. L'homme moral serait plus difficile à dépeindre ; il faudrait recourir à Milton et parler de ténèbres visibles, car cet homme c'était l'obscurité et la subtilité philosophiques poussées à leur der-

nier degré, c'était un confus mélange de doctrines antipathiques, d'idées creuses et d'idées
fortes, de positif et d'idéal ; un philosophe allemand enté sur un vaudevilliste français,
quelque chose qui tenait du pédadogue et de
l'écolier ; on aura plus tôt fait de nommer
M. Royer-Collard, robuste intelligence perdue
depuis 1789 dans les brouillards du kantisme et
de la légitimité, éternel souffleur de petits
hommes d'état, lice en constante gésine qui prit
ses quatre pieds dans tous les gouvernemens
possibles, enfanta la restauration, le système
de bascule et la quasi ; apprit à M. Guizot
comme quoi on manipule la matière gouver-
nementale à l'instar de la matière historique ;
éleva sous ses yeux paternels ce doux M. Decazes qui arrosait de sang humain les ressorts
de son jeu de bascule, employa ses loisirs philosophiques à rimer des épigrammes grivoises,
et fêla le timbre de M. Cousin.

Brémond, à qui ces visages étaient familiers, ne perdit pas le temps à les examiner. Il
se blottit dans le coin le plus obscur de la tri-

bune publique, de peur que les honorables ne s'aperçussent qu'il n'était pas leur auditoire accoutumé, et il se mit patiemment à attendre le commencement du spectacle. On ne le fit pas languir; au bruit de ses pas, M. Delessert, fougueux ami de l'ordre, dont le père, respectable Suisse arrivé en sabots à Paris, avait gagné quelques misérables millions au *maximum* et au trafic des domaines, M. Delessert fit sonner sa sonnette; le rideau était levé, les acteurs prirent place.

C'était un samedi, jour consacré de toute éternité au rapport des pétitions. M. Jars monta à la tribune d'un air de conquérant, et il dit qu'aucune pétition n'était parvenue à la Chambre; parole sacramentelle que M. Jars avait coutume de prononcer tous les samedis, mais en ayant soin d'en varier l'accent pour produire de l'effet. L'honorable quasiste quitta la tribune aux doux murmures que ses poses théâtrales excitaient toujours dans le *Rump-Parliament*.

Vint le tour de l'excellent M. de Lameth, ce

reste d'homme qui, s'il avait vécu en Égypte, aurait prouvé, d'exemple, l'inutilité des embaumemens. Il toussa, cracha, chercha à rassembler les deux fractions d'idées qui couraient de l'un à l'autre bout de son cerveau, sans pouvoir jamais parvenir à se joindre; puis, dans l'un des courts intervalles lucides que lui laissait son asthme, il tira un papier de sa poche gauche, mit ses bésicles et lut à peu près ce qui suit :

« J'ai souvenance que les conventionnels, » ces grands citoyens qui, lorsque l'Europe » conjurée se ruait sur la France, eurent le » courage de ne pas désespérer du salut de la » patrie et la gloire de la sauver.....»

L'accent de l'orateur, d'abord faible, timide, honteux, avait pris tout à coup quelque chose de digne et de juvénile; mais l'honorable M. de Lameth s'était trompé de poche; il s'en aperçut aux sourds murmures de la Chambre, et plongeant bien vite sa main dans sa poche droite il reprit en ces termes :

» J'ai souvenance que, pressée outre-mesure

» par les hommes de juillet, ces élèves des in-
» fâmes conventionnels, la Chambre porta un
» arrêt de bannissement contre la branche aî-
» née des Bourbons. Ce sacrifice, je vous en
» atteste tous, messieurs, nous coûta plus que
» je ne puis dire; et pourtant nous eûmes soin
» de n'attacher aucune peine à l'arrêt...

»—A cause du système de non-intervention,»
dit M. de Salvandy.

»— Sans doute, » ajouta M. Hercule Sébastiani; « nous ne consentions pas à ce que les
» Bourbons de la branche aînée revînssent en
» France; mais s'ils en avaient eu la fantaisie,
» nous n'aurions eu garde de nous y opposer:
» cela me semble lucide...

»—Les circonstances,» reprit M. de Lameth,
« ne sont plus les mêmes. Nous ne pouvons
» pas laisser sous le coup d'une loi de colère une
» famille qui fit si long-temps le bonheur et la
» gloire de la France. Je demande donc que
» cette loi soit formellement abrogée.

»— Appuyé! appuyé! » cria la Chambre en
se levant en masse: et M. Guizot embrassa

M. Royer-Collard qui sourit philosophique-
ment, et M. Jars prit un air bravache comme
pour défier la révolution de juillet, et M. de
Lameth pleura de joie; c'était Jérémie en go-
guette.

« —Aux voix! » hurla M. de Schonen.

On allait voter d'enthousiasme; mais M. Casimir Périer demanda la parole, et, prenant
son air rogue, il dit :

« Messieurs, la proposition que l'honorable
» M. de Lameth vient de vous faire est trop
» juste pour que je m'y oppose... »

Ici, M. le président du conseil s'interrompit
brusquement, trépigna, frappa des mains sur
la tribune, et fit son grand geste de colère.
Chacun s'enquérait à voix basse de ce qui le
mettait en si noire humeur, chacun interrogeait des yeux les bancs vides de la gauche pour
voir si quelque Corcelles échappé au déluge
n'avait pas échauffé la bile du banquier : mais
M. Périer porta vivement la main à son nez,
serra ses doigts, jeta quelque chose d'un air
de courroux, et reprit le fil de son oraison. Ce

quelque chose était une mouche qui avait eu l'irrévérence de piquer au nez M. le président du conseil. Il a fait souvent pour bien moins les frais d'une colère.

«Je disais donc,» poursuivit le bouillant orateur, « que la proposition est de toute justice, » mais elle me semble complètement inutile.

» —Ce n'est pas la question, » dit M. de Schonen de sa voix tonnante; « la loi était inutile » aussi.

» —Permettez!» dit poliment M. Casimir Périer; car les vastes poumons de M. de Schonen lui imposaient toujours: « en procla- » mant la légitimité pure et simple de la bran- » che cadette, nous avons posé comme un fait » patent l'extinction de la branche aînée. Or, » si les Bourbons d'Holyrood sont morts, » qu'est-il besoin de rapporter la loi?

» —Appuyé! » dit la Chambre qui n'entendait pas bien.

L'avocat Dupin, qui voyait avec rage la question marcher claire et simple, résolut de l'embrouiller un peu; il se leva et dit :

« — Messieurs, lors même que le déluge n'au-
» rait pas englouti la branche aînée, la propo-
» sition serait superflue. Que dit la loi? Que
» les Bourbons sont exclus à perpétuité du ter-
» ritoire français. Je demande qu'on pose avant
» tout la question de savoir si nous sommes
» encore en France. »

Il y eut alors un murmure d'indécision dans
l'assemblée.

« — Sans doute, » dit M. Jars; « la France
» c'est nous. Qu'était la France? centre gauche.
» Ne voilà-t-il pas le centre gauche complet et
» intact; ne voilà-t-il pas la France?

» — C'est spécieux, » dit M. de Salvandy qui
se mit à réfléchir.

La question allait changer de face; mais
M. Périer, à qui de vives interpellations avaient
été adressées, courut derechef à la tribune.

« — Nos intentions, » dit-il, pourraient être
» suspectées, et il m'importe de ne pas laisser
» planer sur moi l'ombre d'un soupçon. Si je
» m'oppose à la proposition de M. de Lameth,
» n'allez pas croire que ce soit par haine pour

» la branche aînée. Moi l'ennemi des Bour-
» bons!... Ah! messieurs, que de fois je me
» suis attendri au souvenir du loyal Char-
» les X et des bontés qu'il avait pour moi ! j'é-
» tais toujours de ses bals, de ses fêtes; au mi-
» lieu de ses ducs et de ses marquis, il avait
» un regard pour moi; il me disait : « Bonjour,
» Périer, » de l'air dont on salue un ami.

« — Appuyé! » dit la Chambre qui appuyait
toujours.

« — Vous dirai-je ce que j'ai fait avant la
» comète? N'est-ce pas moi qui me suis opposé
» à la guerre? qui ai lâché Persil contre les
» patriotes? N'est-ce pas moi qui ai brisé de
» ma main puissante les associations nationa-
» les, paralysé l'élan, glacé l'enthousiasme... »

Ces mots réveillèrent la Chambre qui battit
des mains ; l'avocat Dupin, jaloux de ce triomphe, se précipita vers la tribune:

« — Et moi, messieurs, et moi? sans parler
» ici de Saint-Acheul, n'est-ce pas à moi que
» vous devez la conservation des juges de Char-
» les X et la religion de la majorité?

» — Oui! oui! » dit la Chambre.

M. Guizot se piqua d'honneur.

«—Pour moi, messieurs, » dit-il, «vous sa-
» vez que j'ai étouffé la révolution dans son
» principe; que j'ai si bien mis en pratique les
» doctrines de la Restauration que Charles X,
» revenant pour la troisième fois aux Tuileries,
» aurait pu dire encore : « Rien n'est changé. »

» — Bravo! bravo! » cria la Chambre.

Tous les regards se tournèrent vers M. Royer-
Collard qui se tenait calme et impassible sur
son banc; il vit qu'on exigeait de lui une ha-
rangue.

« — Messieurs, » dit-il, « je pense qu'il est
» inutile d'exposer ce que j'ai fait. J'ai là deux
» cents lettres d'Angleterre...»

Sa voix expira sous un tonnerre d'applau-
dissemens.

«—Et nous! et nous! » crièrent tous les
membres de la Chambre.

«—Justice vous a été rendue,» dit M. Royer-
Collard.

Et la loi fut rapportée à l'unanimité.

CHAPITRE XXIX.

MON GRAND-PÈRE.

*

«Fous ! triples fous ! » pensa Brémond ; « je
» ne vous ferai pas même l'honneur de vous
» appeler traîtres.

» Ces gens - là me rappellent mon vieux
» grand-père.

» Ses yeux se troublèrent, ses oreilles dur-
» cirent dans l'espace d'une seule nuit. Ce serait
» une histoire fort curieuse que celle-là, car les

» docteurs de la science prétendirent que mon
» aïeul avait vécu en cette nuit dix années de
» sa vie, et l'homme qui a l'esprit un peu ou-
» vert conçoit cette possibilité.

» Ce n'est ni la marche régulière d'une ai-
» guille, ni le monotone balancement du pen-
» dule qui règlent la somme de temps départie
» à chacun ; ce sont les émotions qu'éprouve
» l'âme. On passe des mois entiers sans vivre,
» lorsqu'on n'est capable ni de travail ni d'a-
» mour intellectuel ; on vit quelquefois des
» siècles en une minute.

» Mais des considérations sur cette idée me
» meneraient trop loin, et ce n'est pas là que
» je veux aller. Il s'agit de mon grand-père et
» des 221.

» Avant son accident, ce respectable vieillard
» n'aurait pas reçu une visite d'ami, ni fait un
» pas dans son jardin sans avoir lu son journal
» depuis le titre jusqu'au nom de l'imprimeur.

» A dater de cette nuit de malheur, adieu la
» politique ; car il n'était pas au monde d'opti-
» cien qui pût ramasser assez de rayons lumi-

» neux dans ses lentilles pour faire arriver une
» molécule de lumière aux yeux éteints de mon
» aïeul ; et le classique Stentor, M. de Scho-
» nen lui-même, n'auraient pas eu des poumons
» assez forts pour frapper son tympan devenu
» insensible.

» Le jour de cette mémorable catastrophe,
» mon aïeul avait lu dans son journal ce glorieux
» bulletin que Napoléon data du palais des
» tzars. Ni l'incendie de Rostopschin, ni la
» perfidie autrichienne, ni la trahison de Raguse
» n'arrivèrent jusqu'à lui ; il n'avait plus de
» lien qui le liât au monde extérieur ; il s'était
» arrêté à Moscow.

» Survinrent les désastreux événemens de
» 1814.

» Je courus chez mon aïeul, et ma voix d'en-
» fant, ma voix argentine et perçante parvint
» à lui faire entendre quelques sons qu'il re-
» cueillit avec une attention remarquable.

» — Les Anglais débarquent ! » criai-je.

» — Bah ! nous sommes à Moscow !

» — Les Russes sont à Paris.

» — Quels Russes?... Quel Paris ?... Nous
» sommes à Moscow.

»Hélas! mon pauvre aïeul n'en avait pas bougé.
»Ses amis eurent beau venir à lui parés de rubans
» blancs, il ne put voir ni les rubans blancs ni les
» amis; il n'entendit ni les salves de mousquete-
» rie, ni les proclamations de Louis XVIII, et
» il passa de vie à trépas persuadé que nous étions
» toujours à Moscow.

» Entre les 221 et mon grand-père, on au-
» rait peine à trouver la moindre différence;
» comme lui ils ont marché les yeux fermés,
» l'oreille sourde au milieu de tous les événe-
» mens; ni le canon de juillet, ni le tonnerre
» de décembre ne les ont pu tirer de leur
» apathie; ils s'étaient cramponnés à la Res-
» tauration, et ils n'en ont pas bougé.

» Mais à qui faisait tort l'aveuglement de
» mon aïeul? Sa douce et patriotique illusion
» a jeté quelques fleurs sur les derniers mo-
» mens de sa vie; autour de lui, nul ne s'en
» pouvait plaindre; et souvent, quand ses or-
» dres étaient mal compris d'un gauche ser-

» viteur, il ne le grondait pas, car il s'en con-
» solait par l'idée que nous étions à Moscow.

» Ici, ils ont rétréci de leurs débiles mains
» l'avenir vaste, illimité, qui s'ouvrait devant
» la grande nation. Lilliputiens ils ont gar-
» rotté le géant. Oh ! que le peuple n'a-t-il fait
» à ces gens-là l'office d'oculiste !!

» Et qu'on n'aille pas les excuser sur leurs
» intentions. Dans la vie ordinaire, l'on par-
» donne au maladroit qui vous nuit ou vous
» blesse à son insu ; en politique les mala-
» droits sont plus coupables que les plus ab-
» solus despotes. Hommes incapables, votre
» seule venue au pouvoir est un crime. Il fal-
» lait vous connaître.

» Etrange bizarrerie!... Ils avaient si bien
» fait, ils avaient étouffé à tel point tout ce
» qu'il y avait de généreux et de viril dans la
» nation, que l'Europe allait nous frapper au
» cœur, nous morceler en mille lambeaux peut-
» être, sans le dévouement des peuples de Bel-
» gique et de Pologne! En d'autres termes, la
» demi-révolution de France a été sauvée

» parce que les révolutions de Pologne et de
» Belgique ont été complètes!...

» Mais j'oublie que je ne suis plus un pa-
» triote de juillet, un Français du XIXe siècle;
» je suis le fondateur d'une société nouvelle.

» Les promesses de juillet ont avorté
» comme des fleurs hâtives de printemps, par-
» ce que les hommes de la doctrine les ont
» glacées de leur souffle. Il ne faut pas qu'ils
» touchent à mon œuvre... Allons voir M. Royer-
» Collard. »

CHAPITRE XXX.

Voir M. Remi Royer-Collard était chose aisée; jamais homme ne fut d'humeur plus accessible; sa porte de professeur était ouverte au moindre écolier qui y voulait frapper; mais, s'entendre avec lui, voilà le point difficile. Le fondateur de l'école doctrinaire avait la manie de tous les chefs de secte; il exposait son thème, et le développait longuement; vous proposiez une objection, il vous laissait dire, puis il reprenait son oraison au point où il l'avait laissée, de telle sorte qu'il aurait pu aussi bien converser avec un Chinois qu'avec un Français ou un Allemand. Si c'est en ce sens que les apôtres avaient le don des langues, leur philologie était un peu cousine de celle de feu M. Raoul-Rochette, qui savait aussi bien le grec que le latin.

Brémond n'ignorait pas cette particularité; mais il estima qu'il avait grandi en position depuis la fin du monde, et que M. Royer-Collard, le grand théoricien, ne dédaignerait pas, cette fois, de causer avec un homme pratique: car ce philosophe qui était jadis tout bouche pour le menu populaire, était aussi tout oreille pour le plus mince marquis, et Brémond crut de bonne foi qu'un président de république valait au moins un duc. A peine la séance était-elle levée qu'il alla droit à son homme.

Le kantiste s'attendait à cette visite. Il se leva à demi du canapé où il était assis avec

MM. Guizot, Decazes et Casimir Périer; il in-
clina pesamment sa tête, et invita Brémond à
prendre un siége.

« — Je n'ai que deux mots à dire, car mes
» momens sont comptés, » dit Brémond.

« — Tant pis, monsieur; j'aurais voulu
» m'expliquer avec vous sur beaucoup de
» points.

» — J'ai fondé, non loin d'ici, un monde...

» — Les faits me sont connus, » répondit
M. Collard, d'un ton doctoral. « Passons aux
» idées. Quel est votre système de gouverne-
» ment?

» — C'est de n'en point avoir. »

A cette réponse, M. Guizot sourit, M. Casimir Périer entra en fureur et mordit ses
doigts, M. Decazes prit un air rêveur, pour
comprendre.

» — Etes-vous kantiste ou lockiste, spi-
» ritualiste ou matérialiste?

» — Je suis l'un et l'autre.

» — Il faut opter cependant.

» — Monsieur est peut-être pour le juste

» milieu entre les deux systèmes ! » dit
M. Guizot, en faisant des politesses à Brémond.

« — Je suis pour le bien absolu en théorie,
» et pour le mieux possible en pratique.

» — Cet homme avait dû signer l'associa-
» tion nationale, » dit M. Casimir Périer en
jetant sur lui des regards de colère.

« — Ce n'est pas la question, » dit M. Remi
Collard qui, durant quinze ans de tribune,
n'avait pas trouvé une seule fois que la Chambre fût dans la question. « Je vous demande
» quel gouvernement vous avez établi.

» — Je croyais m'être expliqué clairement.
» Là où chacun veille aux intérêts de tous, il
» y a le gouvernement de la nature et de la
» raison ; là où l'on bâtit des systèmes, il y a
» commencement de déception.

« — Entendons nous bien, » dit M. Guizot,
le kanti-quasi-légitimiste. « Vous partez du
» principe de la souveraineté du peuple.

» — Non pas seulement du principe, mais

» du fait; je n'en pars point, j'y reste, je m'y
» attache, je m'y meus.

» — Quoi! pas la plus petite aristocratie! »
dit M. Remi Collard avec une explosion de
surprise.

« — En vérité, non, messieurs.

» — Et vous croyez que cela durera?

» — Mais oui, car j'ai vu que le contraire
» ne durait guère.

» — Ah! monsieur, » dit M. Decazes avec
un sourire emprunté à M. de Talleyrand, ce
fin sourire que Louis XVIII prisait presque à
l'égal de son Horace, « quelle rude besogne
» vous avez sur les bras!... Il y a déjà conflit
» d'opinions dans votre république....

« — Qu'en savez-vous? » dit Brémond d'un
air sévère.

M. Remi Royer-Collard toussa, pour avertir
M. Decazes de se tenir sur ses gardes: mais
l'étourderie était dans la nature de cet homme
d'état; c'est pourquoi il offrit de la pâte de
jujube au kantiste, et il poursuivit, sans se

17

douter de ce qu'il y avait de profonde politique dans cette toux :

« — Il y a déjà conflit d'opinions dans votre
» république ; l'une renversera l'autre ; déli-
» vrée de son contre-poids, elle vous débordera.
» A cela je ne vois qu'un remède ; la bascule,
» monsieur, la bascule ! sans la bascule, point
» de gouvernement possible : aujourd'hui,
» dix têtes libérales, demain trois têtes roya-
» listes, un bon télégraphe pour couper court
» aux sursis, et l'on marche droit et ferme.

» — La bascule a son prix, » dit M. Périer,
» mais avant tout il faut être fort. Heurtez
» hardiment qui vous gêne, sans distinction
» d'amis ni d'ennemis ; suscitez contre vous
» tout ce qu'il y a de haine disponible dans les
» cœurs ; c'est ainsi qu'on gouverne.

» — Mais, messieurs, » dit à son tour M. Guizot, « n'allons-nous pas trop vite ? N'y a-t-il
» pas ici un juste milieu à prendre ? Au lieu de
» heurter tout le monde, si l'on ne heurtait
» que ses amis, et si l'on remplaçait l'écha-

» faud par la prison ? hein ! qu'en pensez-
» vous?

» — Vous vous attachez à des puérilités, »
dit gravement M. Remi Collard; « tout ceci
» n'est que secondaire. Monsieur a mal posé
» ses principes.

» — Je serais curieux de connaître les vô-
» tres, » dit Brémond; « car je n'ai jamais pu
» m'en faire une juste idée.

» — Tenez, » dit M. Collard en fouillant
dans les poches de sa houppelande, « voici un
» exemplaire de la Charte...

» — La Charte-Bérard? » demanda Brémond
en souriant.

« — Nenni; la Charte-Collard, celle de
» 1814, où vous trouvez une bonne religion
» de l'État, le rétablissement de la noblesse,
» le germe du double vote, et l'article 14 qui
» permet de tout confisquer si l'on n'est pas
» content. Je l'ai rédigée à Calais... Mais où
» donc s'est-elle fourrée? »

Le kantiste fit un brusque mouvement pour
tirer sa Charte qui s'était perdue au milieu

de discussions philosophiques, et elle tomba
escortée de guinées.

« — Mille grâces, monsieur. Ma Charte,
» que je n'ai pas redigée à Calais et qui n'est
» pas entourée de monnaie anglaise, n'a qu'un
» principe, celui de l'élection en tout et par
» tous.

» — Et vous marchez ?

» — Et nous marchons.

» — Vous vous le figurez.

» — Oui, comme Diogène, devant qui un
» philosophe niait le mouvement.

» — Le mouvement !... » dit M. Périer en
grinçant des dents. « Cet homme a des expres-
» sions !...

» — Mais, » reprit M. Remi Royer-Collard,
» la nature de l'homme... »

Brémond prévit que le kantiste allait enta-
mer un de ces monologues philosophiques
qui lui étaient familiers; il y coupa court.

« — Monsieur le philosophe, et vous, mes-
» sieurs les hommes d'état, » dit-il, « je ne suis
» point venu ici pour commenter la théodicée,

» ni répondre à vos questions, mais bien pour
» vous donner un charitable avis. Vous avez
» déjà essayé de troubler ma société ; si
» M. Royer-Collard continue à correspondre
» avec Gottlieb, si je trouve encore une phrase
» de M. Guizot dans ma république, je saurai
» vous en faire repentir.

» — Rien n'est plus sot que la colère, »
dit sèchement M. Royer-Collard.

M. le président du conseil prit ce mot pour
une personnalité; il se leva vivement, mais
M. Decazes entreprit de le calmer avec des paroles mielleuses, et M. Périer se laissa re-
tomber sur le canapé.

« — Ce n'est point une colère, » dit Brémond; « voyez avec quel calme je vous parle!..
» Messieurs, je vous ai vu besogner la révo-
» lution de juillet : d'abord souples, timides,
» on vous aurait pu ramasser dans un cha-
» peau; peu à peu vous avez pris un ton de
» maître, et vous avez fini par l'arrogance et
» l'insulte. Halte là, messieurs, halte là ! on ne
» me trompe pas deux fois.

» — En vérité, » reprit M. Guizot, « vous
» êtes un homme difficile à comprendre. Je
» vous accorde que la liberté est un bien, mais
» elle n'en est un que pour le peuple ; laissez
» demander la liberté par ceux qui n'ont pas
» autre chose. Vous, père et fondateur de ce
» monde nouveau, vous pouviez prétendre à
» tout, même à la royauté, même au pouvoir
» absolu !

» — J'entends, » dit ironiquement Brémond ; « c'est une préfecture que la doctrine
» offre à un patriote de juillet ; mais elle doit
» savoir que je n'ai pas goût aux préfec-
» tures.

» — Ramenez les choses à un point juste, à
» quelque chose de sociable, » poursuivit
M. Remi Collard, « et nous vous promettons
» notre appui.

» — Nous vous l'offrons, » dit M. Guizot.

» — La perspective est séduisante, » dit
Brémond en feignant d'hésiter, « mais le pli
» est pris aujourd'hui.

» — Si ce n'est que cela, » reprit M. Guizot

d'un air caressant, « on peut vaincre vos
» scrupules. Écoutez ; voici la marche. D'a-
» bord, vous devez avoir dans votre républi-
» que des citoyens qui possèdent beaucoup et
» des citoyens qui possèdent peu.

» — Sans aucun doute.

» — Voilà l'élément aristocratique tout
» trouvé. Nous dirons aux riches qu'on veut les
» piller ; on fera même des émeutes au besoin...
» Vous avez une garde nationale, n'est-il pas
» vrai ?

» — Pas encore.

» — Comment voulez-vous donc gouverner ?
» Créez-moi vite une bonne garde nationale :
» avec cela, déchirez vingt, trente, quarante
» chartes ; moquez-vous de vos promesses,
» faites passer la république en royaume ; et la
» garde nationale, buttée à l'ordre, verra la li-
» berté s'évanouir en fumée sans même s'en
» apercevoir. Si l'on crie, promettez tout ce
» qu'on demandera, un gouvernement à bon
» marché, ceci, cela, et le reste ; nous ne vous

»en voterons pas moins une bonne et riche
»liste civile.

» — Nous vous saluerons du titre de quasi-
»légitime, » dit M. Decazes.

« — Légitime tout-à-fait, si vous y tenez, »
ajouta M. Périer.

« — Pourvu toutefois que les Bourbons ne
»reviennent pas, » observa M. Remi Royer-
Collard; « car il demeure convenu entre nous,
»de pacte exprès, que le véritable roi légi-
»time c'est... »

M. Guizot cligna de l'œil, et M. Remi se tut.
Gros-Jean venait de donner un bon avis à son
curé.

« — Comptez sur moi et sur ma bascule,
»sire, » dit M. Decazes en s'inclinant. « Ce
»sera mon quatrième serment et ma troisième
»amitié royale, sans compter les impériales
»amitiés.

» — Si jamais vos sujets veulent s'associer
»pour quelque chose de juste et de raisonna-
»ble, je suis là, » dit M. Périer.

En ce moment M. de Lameth entra tout essoufflé dans la salle.

« — Monsieur le président du conseil... » monsieur le président du conseil...» dit-il en pleurant, « tous vos pâtés de ce matin ont » brûlé au four.

» —Quoi! cette pâte que j'avais si bien souf-» flée! » dit M. Decazes.

« — Maladroit ! » s'écria M. Périer en levant la main. M. de Lameth, épouvanté, se remit à pleurer plus fort.

« — C'est M. de Schonen qui en est cause, » dit-il; « il en a dévoré vingt douzaines presque » crues, et comme je lui en demandais le prix, » il m'a battu... Eh! là, mes côtes... Oh! là, là, » mon pauvre bras!...

» — Consolez-vous, monsieur le comte, » dit M. le président du conseil, « nous ferons » désormais de la pâtisserie en grand; voilà le » roi qui nous offre...

» — Un troisième! » dit M. de Lameth en s'inclinant devant ce roi improvisé.

« —Non pas, Messieurs, » dit Brémond; «je

» vous conseille de retourner à votre four.
» J'aurais voulu vous ramener à la raison; mais
» puisque vous êtes incorrigibles, j'emploierai
» un sûr moyen. Si vous avez le malheur de
» vous mêler encore de mes affaires, je déchaî-
» nerai le peuple contre vous.

» — Le peuple! » dit M. Périer en pâlissant.

« — Le peuple, » dit M. Guizot en se jetant
sous le canapé.

« — Le peuple! le peuple! » crièrent-ils tous
d'un air de frayeur.

« — Que Dieu vous ait en sa sainte garde,
» messieurs! »

CHAPITRE XXXI.

« — Vous venez de faire un coup d'éclat, » dit à Brémond le Pococurante qui l'avait patiemment attendu à la porte ; « je le vois à » votre air.

» — Je viens de prendre une mesure de sû-» reté. Grâce au ciel, ma république est sau-» vée.

» — Vous né le diriez pas deux fois sans » rire.

» — Nul ne s'entend mieux que vous à dé-
» soler ses amis.

» — Dites plus vrai ; dites que je ne leur per-
» mets pas d'avoir une idée fausse des choses.

» — Que vous voilà bien avec votre froide
» et sèche philosophie ! et savez-vous si vous-
» même ne vous trompez pas en ne croyant
» qu'au mal ?

» — Mais si je ne crois ni au mal ni au bien ? si
» je crois qu'ici bas tout est indifférent, et que
» l'homme, dans toutes les conditions voulues,
» peut lui-même être l'artisan de son bonheur ?

» — Vous modifiez vos idées.

» — Nullement, je vous jure ; telle a tou-
» jours été ma manière de voir et telle elle sera
» toujours. Que m'importe à moi, et qu'importe
» aux sept huitièmes du genre humain, la forme
» du gouvernement ?

» — Belle logique !

» — Est-ce à la liberté que vous tendez ? Sous
» le despote le plus jaloux de son pouvoir vous
» avez une pleine liberté de pensée ; qui vous
» pousse à la vouloir, par la parole, commu-

» niquer aux autres? Avez-vous jamais songé à
» appeler vos amis au partage d'une belle
» maîtresse?... Gardez donc la liberté pour
» vous.

» — Si je voulais répondre...

» — Aspirez-vous au bonheur matériel? Il y
» avait bien jadis quelques religions qui s'y op-
» posaient, mais jamais gouvernement ne vous
» a fait un crime d'être un homme de plaisir...
» J'ai lu quelque part que Louvois, se prome-
» nant aux Tuileries suivi d'une servile foule
» de courtisans, avisa un bon bourgeois qui
» passa sans le saluer: « Voilà un homme bien
» heureux! » s'écria le ministre; « il n'a pas be-
» soin de moi. » A ce prix tout le monde peut
» avoir du bonheur. Louvois c'est le gouver-
» nement; laissez Louvois se promener avec
» ses courtisans.

» — Vous en parlez à votre aise. Quand le
» peuple succombait sous l'écrasant fardeau
» des impôts, quand le fisc lui disputait jusqu'à
» son dernier morceau de pain, dites, était-il
» heureux? où étaient donc ses plaisirs?

»—Bon.! tout est relatif. Un homme du peu-
» ple était aussi satisfait quand il avait amassé
» le nécessaire de la journée que nous lorsque
» nous nous étions procuré une rare jouis-
» sance.

» —Quel langage!» s'écria Brémond d'un
ton d'indignation; «et de quel droit vous
» croyiez-vous au dessus de cet homme du
» peuple! L'égalité...

» —Oh! mon ami, si vous tombez dans la
» philosophie abstraite, je suis bien votre servi-
» teur. Messieurs les doctrinaires m'en fatiguent
» assez la tête dans un autre sens. D'ailleurs,
» ceci nous éloigne beaucoup du point en litige.
» Y voulez-vous revenir?

» —Comme il vous plaira,» dit Brémond
avec une humeur marquée.

«—Vous avez fait peur à la doctrine, n'est-
» il pas vrai? La chose était facile; vous n'aviez
» qu'à la menacer du peuple. Le diable ne
» craint pas plus l'eau bénite; au seul mot de
» peuple, ces grands philosophes cherchent
» où se cacher. Mais où cela vous menera-t-il?

» —Ce n'est pas sérieusement, sans doute ,
» que vous me faites cette question?

» —Très-sérieusement au contraire.

» —Eh bien! puisqu'il faut vous répondre,
» je serai débarrassé pour jamais de l'inter-
» vention de MM. Guizot et Royer-Collard.

» — Fermez la bergerie quand le loup y a
» pénétré.

» —Oh! pénétré...

» —Les idées que ces messieurs ont jetées
» dans l'esprit de quelques-uns de vos enfans
» y ont germé et s'y sont développées. Le
» mal est sans remède; vos utopies auront le
» sort de toutes les autres.

» —Fatale engeance! » dit Brémond en serrant le poing.

« —C'est cela! » reprit le Pococurante avec
calme; « vous voudriez étouffer la doctrine
» comme elle a étouffé, dans l'ancien monde
» et dans celui-ci, toutes les idées grandes et
» fortes; mais, mon ami, vous voulez l'impos-
» sible. La doctrine, ce n'est ni M. Royer-
» Collard, ni M. Guizot, ni M. de Broglie, ni

» le canapé; la doctrine, ce sont les vices d'une
» philosophie bâtarde et d'une civilisation
» vieillie; c'est ce besoin d'oisiveté qui porte
» certains hommes à vivre aux dépens des
» autres. Rappelez-vous ce que je vous disais
» à Paris quand vous m'exposiez longuement
» vos motifs de haine contre l'état social: après
» ce monde-ci un autre, et le nouveau ira
» comme l'ancien.

»—Oh! si le vaisseau qui portait les doctri-
» naires avait pu couler bas!

»—La doctrine aurait surnagé. Un peu plus
» tôt, un peu plus tard, vous auriez eu dans
» votre société des oisifs, des gens qui, pleins
» de confiance en leur capacité, auraient
» ébloui le vulgaire avec des phrases d'une
» aune; les 221 n'ont fait que hâter ce mo-
» ment.

» — Donc, à votre sens, toute amélioration
» est impossible ici-bas?

» — Tout est bien, tout est mal.

» — Et il est inutile de faire des ré-
» formes?

» — C'est autre chose. J'estime fort les hom-
» mes qui ont le courage de se dévouer à cette
» noble mission; mais *non equidem invideo*,
» *miror magis.* Pour vous, mon ami, vous
» étiez dans une situation admirable; vous
» pouviez créer une société à peu près bonne,
» où vous vous seriez fait la position la plus
» douce; vous avez, de gaîté de cœur, empoi-
» sonné votre vie. Vous êtes de ces hommes
» comme il y en avait quelques-uns à Paris,
» qu'on révérait beaucoup, à qui l'on pre-
» nait affectueusement la main, mais dont
» on se moquait tout bas, si leur probité avait
» nui à leur fortune.

» — Vous êtes l'homme social poussé à son
» dernier degré, » dit Brémond avec un accent
de mépris qu'il s'efforça vainement de tem-
pérer.

« — Je ne dis pas que je sois la vertu,
» mais je suis la raison.

» — J'en suis fâché pour vous; car, sans vos
» derniers mots, je vous allais offrir un asile
» dans mon nouveau monde.

» — A moi! mille grâces! Me déranger! et
» pourquoi? pour courir après un mieux que
» l'homme n'atteint jamais! J'aime autant res-
» ter en place; il y a moins de fatigue.

» — Adieu, » dit Brémond d'une voix étouf-
fée; « mon exemple va donner un démenti à
» votre philosophie.

» — Adieu, mon pauvre ami, » dit le Pococurante; « je le désire, mais je n'en crois
» rien. »

CHAPITRE XXXII.

✳

Pococurante disait vrai. Dès que Brémond fut revenu dans sa république, il se mit à examiner mûrement par quel point les abus pourraient faire brèche à l'édifice. Chaque jour il acquérait la désolante certitude qu'aucun effort humain ne pouvait s'opposer au débordement du mal, et qu'il en était de la liberté comme de tous les biens de la terre;

on la perd plus aisément qu'on ne la con-
quiert. Mais cette fois ce n'étaient plus Gottlieb et les doctrinaires qui l'affligeaient; ce
germe de vice s'était perdu à ses yeux comme
le point noir où s'est formé l'orage, au bout
de l'horizon, disparaît lorsque la tempête s'est
étendue sur la vaste surface des cieux et menace la terre silencieuse; la démoralisation s'é-
tait insinuée dans le corps social par tous les
pores, et elle commençait à gagner le cœur.
Et ici (peut-être est-il nécessaire de s'entendre) on ne prend point le mot de démoralisation dans son sens borné et ordinaire; ç'aurait déjà été, sans doute, une chose fâcheuse
que la subversion des premiers principes de
la morale ; toutefois cette subversion n'est
pas une cause très-prochaine de ruine pour
l'état social; une société un peu fortement organisée peut survivre long-temps à la chute
des mœurs primitives; mais quand la démoralisation s'attaque aux principes constitutifs
de la société, il n'y a plus de salut possible.

Que faire en ces extrêmes conjonctures ? Brémond avait passé par toutes les théories, par toutes les expérimentations ; il les avait réduites à leur juste valeur. Voiler sa tête et laisser se consommer le douloureux sacrifice, est une poétique pensée d'artiste, et non une pensée de législateur. Un doute poignant, insupportable, s'empara de son esprit, et il désespéra de la nature humaine.

Toutefois, et comme s'il était donné à l'homme de n'éprouver ici bas ni bien ni mal absolus, le bien-être matériel s'était accru en proportion directe de la décadence du bien-être moral. Dans l'ancien monde, la civilisation en était venue à ce point que, dans les classes moyennes, la fortune n'était plus une condition nécessaire pour le bonheur ; elle n'était qu'une garantie pour l'avenir. Le dernier étudiant était mieux vêtu, plus commodément logé qu'un puissant baron du moyen-âge ; un mince employé pouvait, chez Véry, faire un repas aussi somptueux qu'un repas de prince. Dans le monde nouveau la civilisa-

tion ne s'était pas arrêtée à ces minces détails;
Au lieu de partir du principe de l'association, principe fondé sur la faiblesse de
l'homme *, elle s'était attachée à donner une
force à chaque individu. Cette force, elle l'a-
vait tirée de la science; non qu'elle eût réparti
la science d'une manière égale entre tous les
hommes, mais elle les faisait participer presque tous à ses résultats. La mécanique et la

---

* Dans le cours de cet ouvrage, l'auteur a été si
sobre de notes que celle-ci est la première et sera probablement la seule. Il croit donc pouvoir y rejeter le développement d'une pensée qui aurait nui à la rapidité du
chapitre. Par ces mots, *principe de l'association*, l'auteur
n'a pas seulement entendu l'association visible, manifeste,
explicite, mais l'association cachée sur quoi sont fondées
presque toutes les commodités de la vie. Ainsi un restau-
rant est une association cachée entre gens inconnus l'un
à l'autre, et qui se réunissent, à leur insu, pour acheter
les diverses parties d'un tout que la fortune de chacun ne
lui eût pas permis d'aborder. Cet exemple est choisi entre
mille, tels que les voitures publiques, les spectacles,
etc., etc.

vapeur avaient enfanté des prodiges ; travaux agricoles, travaux domestiques, tout était exécuté par des machines ; c'est à peine si le bras de l'homme était nécessaire pour en diriger une fois les moteurs. On héritait d'un service complet de machines, comme jadis d'un titre et d'une terre, de telle sorte que le citoyen le plus isolé sous son toit se pouvait suffire à lui-même, et accomplissait en une heure, par la seule puissance de sa volonté appliquée à la puissance de la science, des travaux que jadis cent hommes réunis n'auraient pu achever en une journée.

Mais le peuple !... Hélas ! il ne participait que de loin à ces bienfaits de la science humaine. Il en est des nations comme de la mer, agitée à sa surface, insensible et morte dans les profondeurs de son lit. Ils sont bien rares, les orages qui vont chercher au fond de l'abîme des flots inertes pour les jeter sur le front des vagues imprégnées d'air et de lumière !...

Las de lui-même et des autres, croyant

sans cesse voir arriver le moment où l'ordre
de choses qu'il avait établi serait violemment
renversé, Brémond tomba dans une noire mé-
lancolie. Il éprouva alors une longue suite
d'émotions ineffables; il lui sembla qu'il avait
disparu du nombre des humains, et que toutefois il assistait par la pensée au spectacle
de l'avenir de la société. Ce n'était point une
de ces illusions qui plongent l'âme dans des
extases sublimes, mais trop rapides pour
laisser une trace durable; c'était une illusion
constante qui lui permettait de tout voir, de
tout entendre, de réfléchir longuement sur
les causes et sur les effets; c'était un rêve de
l'éternité.

Il vit la liberté périr et l'aristocratie s'élever
sur ses ruines ; puis un culte et des prêtres,
puis le pouvoir absolu prenant naissance,
quand tous les élémens de son existence eurent
été rassemblés; le petit nombre vivant aux
dépens de la masse, l'injustice triomphant du
droit. Alors des révolutions se tramèrent; le
sang coula à grands flots; dans ces sanglantes

luttes, le peuple, pâle fantôme, était la proie d'ambitieux qui lui rongeaient le cœur. Une longue succession de siècles vêtus de deuil et poussant des cris lamentables passa devant ses yeux ; et chaque pas du temps apportait un nouveau malheur.

Vint enfin luire un jour plus beau ; lasse de tant de déceptions et de brigandages , la masse se leva comme un seul homme. Vainement voulut-on s'opposer à ses progrès ; de son seul souffle elle terrassa ses faibles assaillans. A la force succéda l'intrigue ; on essaya de lui faire peur de sa propre puissance ; on lui dit qu'elle déchirerait ses entrailles. Elle allait céder à ces astucieuses paroles ; sentinelle vigilante, Brémond jeta un cri de république... et tout disparut à ses yeux.

CONCLUSION.

CHAPITRE XXXIII.

LE RÉVEIL.

✳

« Peuple, peuple, prends garde à toi !... »
criait Brémond, et, promenant autour de lui
des regards effarés, il fut tout surpris de se
trouver à Paris, dans sa chambre, comme si
la comète n'était jamais venue. Près de lui était
un homme vêtu de noir qui lui tâtait le pouls;
le Pococurante, mollement étendu sur un

divan, lisait un journal, et lady Sara, pâle, inquiète, interrogeait le docteur des yeux.

« — C'est une nouvelle crise, » dit celui-ci
en soufflant.

« — Eh! non, » dit le Pococurante, « c'est
» la fin du rêve.

» — Où suis-je? » s'écria Brémond.

« — Où vous étiez hier, » répondit le Pococurante.

« — Mais cette chambre...

» — Vous voyez bien, » reprit le docteur,
« que la raison n'est pas encore complètement
» revenue.

» — Et les 221... ma république... la doc-
» trine ?...

» — Cette doctrine m'a envoyé bien des ma-
» lades cette année, » dit le docteur, « sans
» compter les doctrinaires.

» — Et vous faites fort bien de ne les pas
» compter, docteur, » dit le Pococurante :
« la médecine n'a que faire des incurables.

» — Maïs enfin, » reprit Brémond, « ce
» monde que j'ai fondé, ces sanglantes révo-
» lutions...

» — Encore une potion, » dit le docteur en
prenant la plume.

« — Qu'est-ce donc ? » demanda Brémond.

« — Ce n'est rien, mon ami, » répondit le Pococurante; « c'est une léthargie, un sommeil
» de quelques jours.

» — Se pourrait-il? Mais non, non : vous
» voulez me tromper, vous voulez calmer ma
» douleur en me faisant croire que je suis dupe
» d'une illusion. Sara, chère Sara, venez à
» mon aide; dites-moi ce qui se passe. Nos
» enfans...

» — Peste! » dit le Pococurante, « dans vos
» rêves vous faisiez des enfans à madame!
» Que Dieu m'envoie des rêves aussi doux! »

Milady rougit et baissa les yeux. Quiconque a vu rougir une Anglaise, et n'a
pas adoré l'ange, est indigne d'avoir un cœur
d'homme.

« — Mais enfin, le déluge, la comète?

» — Ah! la comète!... Vous avez rêvé de la
» comète! Vous êtes un heureux mortel. Que
» se passera-t-il dans ce moment suprême?
» Serons-nous brûlés ou noyés? Qui échappera
» à la catastrophe, vous ou moi? Aurons-nous
» des femmes? La vie sera-t-elle passable dans
» le monde nouveau?

» — Je ne sais si je veille; je n'ose pas m'en
» rapporter au témoignage de mes sens, » dit
Brémond en quittant brusquement son lit.
» Oui, » dit-il en ouvrant la croisée, « oui,
» voilà la place Vendôme, le ministère de la
» justice...

» — Et les magots du marchand de thé.

» — C'est bien Paris.

» — Vous avez du bonheur si vous le pou-
» vez reconnaître, » reprit le docteur; « voilà
» six mois que je le cherche.

» — Ah! j'aime encore mieux que ce soit
» un rêve, » dit Brémond; « mes plus chères
» illusions me resteront.

» — Tout allait donc aussi mal dans l'autre
» monde que dans celui-ci ? » demanda le docteur ; « contez-nous cela.

» — Pis, docteur, mille fois pis.

» — J'ai l'habitude de ne jamais contredire
» mes malades, » dit le docteur en secouant la
tête d'un air d'incrédulité.

« — Que se passe-t-il donc ici, bon Dieu ?

» — Presque rien, mon ami, » dit le Pococurante ; « ce qu'un homme de sens aurait dû
» prévoir depuis six mois.

» — Où en est la révolution ?

» — Ne parlez pas de morts devant le doc-
» teur.

» — Quoi ! le programme de l'Hôtel-de-
Ville !...

» — On voit bien que vous revenez de
» l'autre monde. Il n'y a jamais eu de pro-
» gramme. Trente-deux millions de fous se
» sont imaginé qu'il y avait eu une révolution
» aux environs du 29 juillet ; on les a mis au
» régime des deux Chambres.

» — En vérité, dussé-je faire comme l'oncle
» du *Légataire*, je commence à croire que
» c'est une léthargie. »

Alors le docteur se mit complaisamment à
raconter à son malade tout ce que vous savez. Il lui fit un tableau succinct des sottises
doctrinaires que la France subit depuis tantôt
neuf mois ; il lui dit comment les rêves de liberté s'étaient évanouis en fumée, comment
on avait menti aux promesses les plus solennelles ; il lui représenta le peuple expirant de
misère, les esprits les plus généreux se séparant du pouvoir, la France de juillet traînée
en complice aux pieds de la Sainte-Alliance,
l'Italie inondée de sang, la Pologne ayant jeté
son fourreau, et triomphant avec sa bonne
épée, parce qu'elle avait jeté là les hommes
du moyen terme. Il lui dit encore que c'était
à la cour d'assises qu'on distribuait les récompenses nationales ; que la restauration nous
avait donné un peu de liberté pour notre argent, mais que M. Périer avait trouvé le moyen
de nous soutirer jusqu'à notre dernier écu,

sans que le dernier écu figurât sur les listes électorales. Si vous, témoins journaliers de ces faits, qui les avez vus venir un à un, vous, citoyens à mémoire courte , vous vous surprenez à les mettre en doute , jugez quel effet ils devaient produire sur un homme arrivé de l'autre monde !... C'était vraiment à y retourner.

« — Des chevaux! des chevaux! » s'écria Brémond.

« — Où donc allez-vous? » demanda Sara.

« — Au Havre, ensuite par delà les mers, » dans un pays où l'on ne se joue pas impu- » nément du peuple, où l'on n'oserait pas » s'en jouer. »

Il partit, il mit l'immensité de l'Océan entre les 221 et lui. Sara le suivit, la douce Sara. Ceux qui lisent assidûment les feuilles an- glaises, ont dû voir, à l'endroit des *criminal conversation*, le divorce de lord et lady T..... c'était elle.

Si jamais l'envie vous prend d'aller aux Etats-Unis d'Amérique, vous y trouverez Brémond, et ses illusions devenues des réalités. Autant il désirait jadis la fin du monde, autant il la redoute aujourd'hui. Pour vous, désabusés de tous les rêves de citoyen, las de voir l'intrigue et la corruption sans cesse en honneur dans ce monde; lorsque viendra la comète, vous n'éprouverez peut-être pas le désir de lui dire : «*Passe à gauche* »... Mais vous n'êtes pas aux Etats-Unis !...

FIN.

Nouveautés.

PLIK ET PLOK,

PAR EUGÈNE SUE.

1 VOLUME IN-8°, PAPIER FIN ET VIGNETTES. PRIX : 7 FR. 50 C.

LA FIN DU MONDE,

Histoire du temps présent et des choses à venir,

PAR REY-DUSSUEIL.

1 VOLUME IN-8°. PRIX : 6 FR. 50 C.

LES INTIMES,

PAR MICHEL RAYMOND.

AUTEUR DU MAÇON.

2 VOLUMES IN-8°, AVEC VIGNETTES. PRIX : 15 FRANCS.

Le second Volume

DES

SOIRÉES DE WALTER SCOTT A PARIS,

RECUEILLIES ET PUBLIÉES PAR P. L. JACOB.

PRIX : 7 FR. 50 C.

DON MARTIN GIL,

PAR MORTONVAL.

2 VOLUMES IN-8°. PRIX : 15 FR.

LE CAPRICE,

PAR EUGÈNE CHAPUS.

1 VOLUME IN-12, PAPIER FIN SATINÉ. PRIX : 6 FR.

PARIS. — IMPRIMERIE DE COSSON, RUE SAINT-GERMAIN-DES-PRÉS, N° 9.